코로나19 이후의 화폐와 미. 중 전쟁

william hs Lee, 차진길, 권중호

비즈프레스

코로나19 이후의 화폐와 미. 중 전쟁

제1판 발행: 2022년 7월 5일

저　자: william hs Lee, 차진길, 권중호

발행처: 비즈프레스

발행인: 추일재

출판등록: 제324-2006-0044호

주　소: 서울시 강동구 천호동 359-23

문　의: 010-3300-8981

E-mail: bizpress@hanmail.net

ISBN: 979-11-86331-80-4 (03320)

머리말

최근 4년 이상 진행되고 있는 미중전쟁과 대부분의 세계인이 3년 가까이 고통을 받고 있는 COVID-19 전염병으로 인하여 1930년대의 대공황 이후 우리의 생존과 삶의 질을 위협받고 있는 최대의 경제적 위기를 맞이하고 있는 상황에서 개인과 사회, 국가 등은 어떻게 대처하여야 자신과 가족의 삶을 보호하고, 공동체로서의 사회의 지속성을 유지할 수 있겠는가를 우리가 함께 생각해보고자 하여 이 글을 시작하는 것인데 마침, 이 시점에서 산업의 큰 흐름이 제3차 산업에서 AI, 정보와 Connection, 3D, 의료, 생명공학의 빠른 발전, 에너지원의 창출로 극복하고 친환경을 기반으로 한 새로운 연료의 창출 등, 제4차 산업으로의 변화도 함께 진행하고 있으며, 중국과 러시아, 북한 등의 독재정치 체제와 미국, 유럽, 일본 등의 자유민주체제가 대립하고 있는 새로운 국제정치와 경제적 환경이 형성되고 있는 것이 당면한 새로운 현실이다.

따라서, 인류의 역사상 그 어느 때보다도 엄청나게 다양한 요인들이 빠르고 복잡하게 상호작용하면서 경제적, 정치적, 국제적으로 선순환과 악순환이 반복하면서 진행되고 있기에 미중전쟁의 첨예한 대립이 지속되고 있는 상황에서 이러한 대립이 빠른 시일 내에 종식될 것으로 기대하기 어렵기 때문에 이것을 극복하기 위하여 이 시대를 살아가고 있는 평범한 우리가 어떻게 대처하여야 하는 것을 생각해 보고자 하는 것이다.

즉, 미. 중 전쟁은 단순한 무역전쟁이 아닌 화폐와 금융의 주도권과 세계 1위의 정치력과 경제력을 지속하려는 미국과 이것을 넘보려고 하는 중국과의 복잡한 계산에 의한 미국이 주도하는 전쟁이며 미국과 중국이 사활을 걸고 있는 전쟁이므로 과거에 일어났던 그 어떤 무역전쟁보다도 복잡하게 진행되고 있는 것이다. 물론, 대부분의 세상사가 그러하듯이 정답은 없지만 이 글에서는 현재 상황에서의 최선의 길, 아니면 차선의 길을 생각해 보고자 노력하는 것이다.

마지막으로 본 책의 출간을 물심양면으로 도와주신 모든 분들과 특히 공인회계사 문예지 선생님과 비즈프레스 출판사 추일재 대표님께 감사드립니다.

2022년 7월

william hs Lee, 차진길, 권중호

목차

제6장 COVID-19 전염병으로 인한 미. 중 전쟁의 확대

제7장 중국의 외환위기 가능성과 빈부격차의 확대

제8장 중국 경제의 악화와 제3차 국공내전 가능성

제9장 중국 독재정권의 몰락과 중국의 분열

이야기를 시작하며

화폐의 본질

인간의 삶에서 인간에게 단절하기 힘든 심한 중독을 주는 것이 있는데 첫번째가 인간관계이고 그 다음이 돈과 권력이다. 돈과 권력에 대한 중독은 담배나 마약에 비교할 수 없을 정도로 엄청난 것인데, 담배나 마약은 대부분 개인의 건강을 해치거나 정상적인 삶을 할 수 없게 만들기도 하지만 돈과 권력은 자신의 삶과 세상에 많은 혜택을 주기도 하고 그것에 대한 욕심이 과다하면 반대로 자신과 세계에게 엄청난 피해를 입히기도 한다. 인간의 삶에서 절제와 과유불급이 중요한 이유이다.

한편, 돈은 권력과 달리 스스로 선악의 판단을 하지 않는 가치 중립적인 객체이기에 이것을 소유한 인간이 어떤 방향으로 금전을 획득하고 행사하느냐에 따라 세상에 미치는 영향이 매우 극단적으로 달라질 수 있는 것이다. 이러한 화폐의 중요성 때문에 인간이 금전을 창조한 이후 금전을 만드는 장소, 예를 들면 조폐소 등은 항상 최고권력자의 지근거리에서 보좌해 왔다.

인간이 창조한 금전은 신이 인간을 창조한 것과 비교할 수 있을 정도로 인간의 역사에서 가장 혁신적인 창조물 중의 하나인데 돈은 소유한 자의 성향에 따라 다양하게 변화할 수 있는 존재이며, 선과 악의 경계를 항상 넘나들 수 있는 위력을 가지고 있다. 이에 더하여 현대사회에서는 세계화폐인 미국의 Dollar나 일본의 엔화, 유럽의 Euro화나 Bitcoin 등의 암호화폐 가운데 하나를 장악할 경우에는 정치적으로나 경제적으로 세계에 대한 강력한 영향력을 발휘할 수 있는 것이다. 예를 들면, 미국이 전 세계에서 가장 많은 국가 부채를 갖고 있으며, 매년 엄청난 무역적자가 발생하고 있는데도 중국이나 베네수엘라와 같은 국가처럼 국가부도를 걱정하고 있지 않고 있는 것이 미국의 화폐가 세계화폐이기 때문이다.

특히, 1900년대 후반부터 시작한 제4차 산업의 발전과 함께 여러 차례의 금융위기로 인하여 베네수엘라, 아르헨티나, 나이지리아 등의 일부 국가에서는 정부가 발행하는 화폐에 대한 신뢰 하락으로 인하여 무정부주의자들이 고안해 낸 Bitcoin 등의 전자화폐가 더 신뢰를 높혀가고 활발한 거래가 있는 상황이다. 물론, 아직은 대부분의 국가에서 전자화폐가 거래의 수단이라기 보다는 투기적 대상으로 활용되고 있지만, 시간이 지나면서 차츰 새로운 형태의 활발한 거래의 수단이 될 가능성이 매우 높다.

이러한 화폐의 중요성 때문에 왕과 귀족들의 지역적 분권통치 형태가 강했던 중세유럽 이전의 시대에는 왕의 최측근 가운데 한 귀족의 성에도 조폐소를 두기도 하였는데, 제1차 세계대전까지만 하더라도 국가가 화폐정책이나 재정정책 등을 통하여 국민에게 교육이나 건강보험, 노인연금제도, 사회간접자본시설 등의 복지제도를 생각하지 못하고 국방이나 치안에만 신경쓰는 경찰국가의 수준에 머물러 있었기에 지금과 같은 방대한 규모의 화폐정책과 재정정책을 통한 국가정책을 시행할 필요성을 느끼지 못하였기 때문에 부분적으로 이와 같은 분권적 화폐제조도 가능하였다.

그러나 제2차 세계대전 직전의 세계적인 대공황으로 인한 Fascism과 Pseudo-Communism 등의 극단적인 세력의 등장과 제2차 세계대전 이후의 대량고용, 대량생산을 기반으로 한 제3차 산업의 급속한 발전 과 함께 사회의 안정적 성장을 위한 국가의 국민에 대한 교육 및 의료보험, 노후보험, 실업보험 등의 각종 사회보장제도의 신설과 확대, 소득 불평등의 극복을 위한 진보적 조세제도의 도입과 경제 활성화를 위한 전기, 항만, 공항, 도로 등의 각종 사회간접자본시설에 대한 투자를 위하여 국가의 투자가 지속적으로 확대되면서 국가예산의 규모가 급증하였다.

물론, "One Dollar, One Vote"에서 보여주고 있듯이, 대부분의 인류의 역사에서 알려주는 것처럼 현대사회에서도 대부분의 국가권력은 자금과 밀접한 관계가 있기에 여기서 미. 중 무역전쟁의 본질과 함께 인간에게 중독성이 매우 강한 국가권력, 세계권력과 돈과의 관계를 살펴보게 될 것이다.

미. 중 전쟁의 본질

미국이 시작한 전쟁은 표면상으로는 중국의 미국에 대한 과다한 무역흑자, 다양한 방법을 통한 미국기업에 대한 지적재산권의 불법적 침해, 중국에 진출한 미국기업에 대한 기술이전 강요 등이었지만, 미국의 속내는 미국이 세계1위의 경제대국의 지위와 금융체제의 장악력을 상실할 경우, 1971년 8월13일(금요일), 미국의 닉슨 대통령이 기존의 고정환율 체제로는 월남전으로 인한 막대한 전쟁비용을 감당하기 힘들자, 일방적으로 파기를 선언한 브레튼우즈협정(Brettonwoods System) 이후에 신뢰와 경제규모를 기반으로 한 미국 Dollar화의 세계화폐로서의 위상 추락과 함께 미국의 몰락을 가져올 가능성이 매우 높기에 이러한 위험을 사전에 차단하기 위하여, 세계경제의 침체를 가져올 것이 분명함에도, 미. 중 전쟁을 시작한 것이 여러가지 중요한 이유 중의 하나이다.

물론, 1979년 1월 미국의 닉슨대통령과 중국의 등소평 주석과의 미국과 중국 사이의 수교 이후 지난 40여년간 빠른 속도로 확대된 세계 제2위의 경제력을 이용한 중국이 주변국들에 대한 불법적인 무력행사와 남중국해에서의 인공섬 군사기지화, 중국의 타이완에 대한 군사력 행사 의지 표명, 중국 변방인 신장의 위구르족 인권탄압과 티베트에 거주하는 장족 등에 대한 인권침해, 일방적인 홍콩의 정치체제 변경 등의 인권과 자유의 소중한 가치를 존중해야 하는 국제법을 무시하는 행위를 막가파식으로 행사함으로써 독재국가의 한계를 드러내며 세계인의 위협이 되고 있는 것도 또 다른 중요한 이유이기도 하다.

여기에 더하여, 2019년 말에 중국 우한에서 발생하여 전 세계로 확대된 COVID-19전염병은 미국을 비롯한 세계인들에게 중국에 대한 불신을 더욱 고조시킴으로써 미국의 대통령선거에서 Joe Biden 대통령으로 교체된 뒤에도 미. 중 전쟁이 더욱 격화되고 있다.

또한 COVID-19전염병과 미. 중 전쟁의 확대는 세계경제의 매우 심대한 Depression을 더욱 장기화시키고 있으며, 이로 인하여 빈부격차는 확대일로에 놓여 있는 현실이다.

제1장 화폐와 무역전쟁의 역사

화폐의 역사

인간이 집단생활을 할 때부터 화폐의 본질적 기능의 하나인 결제기능을 위한 수단으로 화폐를 발명하였으며, 화폐발전의 역사는 동서양을 비교할 때 큰 차이가 나지 않는다(이하 ko.wikipedia.org 참고).

중국의 고대시대인 은나라, 상나라 시대(BC 5,000여년)전에 이미 화폐가 있었으며, 이때, 진흙(clay)으로 만든 화폐에서 조가비(cowry)로 만든 화폐로 변화하였고 이러한 화폐는 아프리카에서도 사용되었다.

이후, 청동기시대와 철기시대에 이루면서 청동으로 만든 화폐, 철로 만든 화폐가 사용되었으며 산업이 발전하면서 차츰 은으로 만든 화폐, 금으로 만든 화폐가 함께 사용되기 시작하였다.

물론, 화폐는 기본적으로 정치권력을 유지하기 위한 수단의 하나로서 매우 중요하기 때문에 이를 주조하는 조폐창(mint)은 대부분 최고 권력자의 주변에 위치하고 있었다.

여기에서 재미있는 것은 동서양을 막론하고 특이하게도 중국의 송나라시대에 국가에 대한 신뢰(trust)를 바탕으로 한, 종이로 만든 화폐가 처음으로 나와 전국적으로 화폐로 통용되었는데, 전쟁이 발발하면서 전비를 충당하기 위한 종이화폐(easy money)를 대량으로 발행하여, 2차 세계대전 후의 독일처럼 엄청난 hyperinflation을 유발시키기도 하였으며, 이로 인하여 결국 송나라는 멸망의 길을 들어서게 된다.

서양의 경우는, 고대 로마시대부터 로마(Roma) 지역은 주식인 밀(wheat)이 생산되지 않는 지역이었기 때문에 올리브 등을 수출하고 대신 밀가루(flour)를 수입하는 활발한 무역이 시작되었으며 결제수단으로 중국과 마찬가지로 철, 동, 은, 금 등으로 만든 화폐가 사용되었는데, 동서양을 막론하고 화폐 제작할 때 당시의 문화를 반영하는 글자를 넣거나 특이한 모양을 만들기도 하였다. 한편, 일시적이기는 하지만, 중세 유럽의 경우에는 한때 곡식 중에서 상대적으로 보관이 용이한 보리(barley)가 화폐로 이용되기도 하였다.

19c 이후 "Fake Communism" 즉 "Totalitarianism" 의 창시자인 Karl Marx 는 그의 저서 "Das Kapital"에서 화폐를 "Bad"로 인식하고 있었으며, 이의 영향으로 Lenin은 국가의 경제위기를 극복하기 위하여 1923년 무렵에 채권을 발행하면서도 상환금액을 루블화가 아닌 호밀(rye)로 표기하기도 하였다, 물론 Lenin이 집권하면서 대외채무를 모두 무효화하여 러시아의 국가신용도가 땅에 떨어진 탓도 있었다(Money Changes Everything paperbook edition Published by Priceton University Press 2017 by William N. Goetzmann 408 page).

화폐의 역사에 대하여 더 자세히 사례들을 살펴보면, 아스테카 문명에서는 카카오를, 아이슬란드에서는 양모나 바칼라우, 서아프리카의 패화, 동북아시아의 쌀 등은 중세 이후에도 화폐로써 유통되었다. 몰디브 제도에서 생산되는 패화는 인도 외에서도 14세기까지 아프리카의 다호메이 왕국이나 콩고 왕국에서도 사용되었다. 유럽에서는 물품화폐에 계산화폐를 척도로 하는 원시적 형태의 신용결재제도가 시행되었다. 한국, 중국, 일본에서는 16세기까지 지역시장에서 물품화폐가 거래에 사용되었다. 북아메리카 동부 해안지역의 레나페 족 등의 인디언들은 조개를 이용해 비즈를 만들어 내륙의 부족들과의 교역에 사용했다. 한편, 중국에서는 대나무나 포목을 화폐로 사용하기도 했다.

북아메리카의 13개 식민지에서는 17세기에서 18세기까지 걸쳐 물품화폐가 보급되었다. 본국인 영국에서 유통되는 경화가 적은데다가 그것조차도 대부분이 수입품의 구입대금으로 유출되었으며 식민지가 자체적으로 화폐를 주조하는 것이 금지되어 있어 항상 경화가 부족한 것이 원인이었다. 법적으로 인정받은 화폐로서 식민지 전 지역에서 옥수수가 유통되었다. 북부에서는 모피무역에서 중요한 상품이었던 비버의 가죽이나 롱아일랜드의 인디언이 만든 패화가 사용되었다. 남부에서는 담배나 쌀이 유통되었는데 담배의 경우 170년 가까이 사용되었다. 그 외에도 가축이나 건어(乾魚), 고기, 치즈, 설탕, 럼주(Rum酒), 양모, 목재 등이 복잡하게 사용되었다. 이러한 여러 종류의 물품화폐들은 경화부족으로 인한 디플레이션을 완화시켜주는 효과도 있었다. 이후 무역을 통해 스페인 달러가 유입되고 이는 훗날 독립 후 발행되는 달러의 단위가 된다.

메소포타미아의 카카오는 일부 지역에서는 20세기까지 화폐로써 유통되었다. 현재 사용되고 있는 물품화폐로는 야프섬의 석화나 파푸아뉴기니의 패화가 있다. 특히, 파푸아뉴기니의 패화는 인두세의 지불 등 행정에 있어서도 유통되고 있다.

여기서 금속화폐에 대하여 살펴보자면,

금속은 보조성, 등질성, 분할성, 운반성에 있어 화폐로서 적당한 성질을 가지고 있어 금화, 은화, 동화, 철화 등이 만들어졌다. 이 중 동화는 청동화(青銅貨)인 경우가 많았다. 고대에서 중세에 걸쳐 금속화폐는 금속자원의 채굴량에 좌우되는 경향이 있어 광산이 고갈되면 화폐제도 자체가 중대한 위협을 받았다. 이러한 금속화폐의 부족 현상은 수표·어음·지폐 등의 발생에 영향을 주었다. 처음에는 지금(地金)을 계량하여 사용했는데 이를 칭량화폐(秤量貨幣)라 한다. 이후 이것이 주조화폐

(鑄造貨幣), 즉 경화가 되었다. 이러한 경화처럼 일정한 형상이나 중량을 가진 화폐를 계수화폐(計數貨幣)라 한다. 지중해나 서유럽에서는 경화의 소재로써 주로 금속을 사용했으나, 중국이나 일본에서는 동을 주로 활용했다. 또한 서유럽에서는 영주나 상인의 교역에 주로 사용되었으나 중국에서는 농민의 지역시장에서의 교환용도로 쓰였다.

이제 각 시대별로 화폐의 역사를 깊이 살펴보기로 한다.

고대

메소포타미아

메소포타미아의 은은 칭량화폐의 하나에 속한다. 메소포타미아는 은이 생산되지 않기에 아나톨리아 반도의 토로스 산맥 등에서 은을 운반해왔다. 기원전 22세기 우르남무 왕의 시대에는 은 1긴(약 8.3그램)이 보리 1구루(약 300리터)라는 공정비율이 정해졌다. 아카드에서 바빌로니아 제1왕조 시기에 걸쳐 할이라는 나선형의 칭량화폐가 제작되었는데 이는 휴대할 수 있었고 필요한 양만큼 잘라서 지불하는 것이 가능했다. 대부(貸付)도 행해져, 기원전 18세기의 함무라비 법전에는 이자의 상한으로써 은은 20%, 보리는 33.33%로 규정되었다.

이집트

고대 이집트에서는 나일강의 사금이나 푼트 왕국과의 교역을 통한 풍부한 금을 모아 궁전이나 신전에 저장을 하였다. 금은 국내 거래용으로는 사용되지 않고 칭량화폐로써 무역의 결제로써만 기능했다. 본격적으로 주화가 유입된 것은 알렉산드로스 3세에 의한 정복으로 프톨레마이오스 왕조가 성립된 이후의 일이다.

인도

인도에서는 기원전 7세기 경부터 칭량화폐가 사용되어 기원전 5세기에는 타인화폐(打印貨幣)인 은화가 등장했다. 이후 마우리아 왕조에서는 경화가 사용되는데, 1 바나 은화가 16 마사카 동화로 교환되었다. 또한 페르시아제국이나 헬레니즘제국, 그리스 등으로부터도 경화가 유입되었다. 기원전 2세기부터 그리스인에 의해 인도-그리스 왕국이 세워졌는데 이로 인해 그리스 양식의 경화가 발행되고 인도의 경화에도 영향을 주게 되었다. 이후의 쿠샨 제국의 카니슈카는 로마 아우레우스금화 양식의 금화를 만들기도 했다.

중국

상나라나 주나라 때 조개나 귀갑(龜甲)이 화폐로 사용되었으며, 춘추시대에는 이를 본딴 모양의 동패(銅貝), 도전(刀錢), 포화(布貨)가 만들어졌다. 전국시대에는 주화가 보급되었고, 진나라가 천하를 통일한 뒤에는 도량형이 통일되어 동전인 반냥전(半兩錢)을 경화로 사용했다. 진한교체기에는 금화나 동화, 포백(布帛)이 화폐의 주류를 이루었으며, 전한이 건국된 뒤에는 오수전(五銖錢)이 발행되었다. 왕망의 신나라 때에는 동이 부족해져 화폐경제가 혼란해졌는데, 이를 수습하기 위해 보화제(寶貨制) 등을 실시했으나, 실패하고 곡물가만 급등하는 결과를 초래했다. 이는 후한 대에 오수전의 재발행을 통해 겨우 극복해 냈다. 후한 말기에 동탁은 오수전을 동탁소전(董卓小錢)으로 개주(改鑄)했는데 명문(銘文)이나 연마(研磨)가 되어 있지 않은 악화였고 이로 인해 인플레이션이 발생하게 되었다. 이후 남북조 시대까지 오수전은 계속 발행되지만 동의 부족은 해소되지 않았고, 각지에서는 물품화폐인 포백, 곡물, 소금의 유통이 활발해졌다. 이로 인해 동전이 부족해지게 되어 철편(鐵片)이나 종이를 겹치는 등 화폐의 역할을 대신하는 것들이 나오게 되었고 이러한 혼란은 당나라가 개원통보(開元通宝)를 발행하기까지 계속되었다.

춘추 시대에서 한나라 때까지 여러 서적에 화폐에 관한 논쟁이 나오기도 했다. 춘추 시대의 《국어》(國語)에 등장하는 선 목공(單穆公)은 기준화폐와 보조화폐로 이루어진 자모상관론(子母相權論)을 논했으며, 전국 시대의 《묵자》(墨子)에서는 도전과 곡물가격의 관계에 대해 논했으며, 《맹자》(孟子)에서는 일물일가의 규칙에 대한 반론을 논했다. 사마천의 《사기》(史記) 「화식열전」(貨殖列傳)에 나오는 범려의 일화를 통해 물가의 변동을 이야기하며, 《관자》(管子)에서는 군주에 의한 가격통제를 권하는 얘기가 나온다.

고대 그리스

고대 그리스의 폴리스에서는 경화가 급속도로 보급되어 있었다. 현존하는 세계 최고의 경화는 아나톨리아 반도의 리디아 왕국에서 사용한 호박금으로 이는 그리스에도 영향을 주어 기원전 650년경 아르고스에서 은화가 만들어졌으며, 기원전 550년경에는 리디아 호박금에서 분리된 금화를 바탕으로 타소스 섬에서 금화가 만들어졌다. 이 외에도 스파르타나 아르고스에서 철화가 사용되었으며, 기원전 6세기가 되면 경화가 에게해 일대에서 널리 이용되게 되었다. 폴리스들은 각각 상이한 화폐를 발행했기에 환율이 중요한 역할을 맡았다. 이를 바탕으로 환전상들은 재산을 축적해 나갔으며, 이것을 대부에 활용했는데 이것이 은행의 기원이다. 기원전 5세기에는 아테나이를 중심으로 해상무역이 번성하여 드라크마를 비롯한 그리스의 은화가 아케메네스 왕조의 다릭, 키지코스의 호박금 등과 함께 거래에 사용되었다.

아테나이는 기원전 483년부터 은광을 채굴하여 발행한 은화를 바탕으로 경제력을 가졌으며, 폴리스 내에서 경화를 보급하는 역할을 맡았다. 공공사무나 민회, 배심에 참가하는 시민에게 오볼루스 은화를 지급하는 제도가 시작되었으며, 가난한 시민도 폴리스의 시장에서 식료를 살 수 있도록 되어 부유 시민의 공공사무도 화폐화(貨幣化)되었다. 아테나이의 통화 단위는 '1달란트 = 60무나', '1무나 = 100드라크마', '1드라큼 = 6오볼루스'이며 달란트나 무나는 계산용 화폐로 실제로는 존재하지 않았다.

당시의 화폐론에 관한 서적으로는 플라톤의 《국가》(Politia), 아리스토텔레스의 《정치학》(Politica)이나 《니코마코스 윤리학》(Ethica Nicomachea) 등이 있다. 아리스토텔레스가 기원전 405년에 발표한 그리스 희극인 「개구리」(Ranae)에는 아테나이 시민의 본성의 추락을 화폐의 질의 저하에 비유하는 부분이 있어 당시의 화폐사정을 반영하고 있다고 평가받고 있다.

로마 제국

고대 로마에서 사용된 최초의 화폐는 청동화폐인 아스로, 이는 그리스 양식의 영향을 받은 것이다. 로마는 은행제도를 그리스로부터 이어받아 지역 거래를 위해 환전을 시행했다. 아우구스투스 이래 금은복본위제가 시행되어 은화인 데나리우스는 98%의 은을 함유하게 되었다. 하지만 군비 조달과 재정 재건으로 인해 질이 떨어져, 아우렐리아누스 때에 이르면 함유율이 3%로까지 떨어지게 되고, 이는 인플레이션의 원인이 되었다. 한편, 이 시기에는 인도양 무역이 번성하여 아우구스투스부터 트라야누스 시기까지 아우레우스 금화나 데나리우스 은화가 다른 유적지에서 발견되기도 했다. 2세기 아풀레이우스의 소설 《황금 당나

귀》(Metamorphoses)에는 당시의 물가 등 화폐경제가 충실하게 기록되어 있다는 이야기도 있다.

중세

유럽

로마의 붕괴 이후 서유럽을 통일한 프랑크 왕국은 데나리우스를 만들어 은화의 중량을 늘리고, 도량형을 개혁하였다. 또한 카롤루스 대제 때에는 동방의 금화에 대한 대책, 은광의 개발, 기아(飢餓) 시의 곡물가격의 급등에 대비한 구매력의 강화를 위해 조폐권을 국가가 독점하게 되었다. 은화의 중량은 이후에도 계속해서 늘어났기 때문에 소액 거래용의 오볼루스를 발행하게 되었다. 카롤링거 왕조 때에는 '리브라'라는 계산용 화폐단위가 만들어져, '1리브라 = 20솔리두스 금화 = 240 데나리우스 은화'라는 비율이 정해지게 되었고, 이후 중세 유럽의 화폐제도의 기본이 되었다. 잉글랜드 왕국에서는 국왕의 조폐권이나 계산체계는 유지되었으나 대륙의 제국(諸國)에 있는 영주나 도시도 독자적인 화폐를 발행하고 별도의 계산체계를 갖추는 등 복잡한 면이 있었다. 동지중해에서는 비잔티움 제국이 로마의 솔리두스 금화를 계승한 노미스마 금화를 발행하였다. 또한 유럽에는 이슬람 세계의 화폐가 유입되었고, 다시 바이킹들에 의해 스칸디나비아에도 전해지게 되었다.

일상적인 거래에서는 소액화폐가 필요했고, 은화는 고액이었기에 서유럽 각지에서는 상품화폐의 신용거래가 증가하였다. 소규모 시장도시에서는 구두(口頭)를 통한 신용거래가 행해졌고, 10세기부터는 이슬람 세계의 수표나 환어음의 영향을 받던 이탈리아에서는 13세기 예금은행이 나타나게 되었다. 이는 공증인의 증서(證書)로 이루어졌으나, 이후

신서(信書)에 의해 이루어지게 되었다. 환전상도 고리대나 은행가로써 발전하기 시작해 메디치 가문처럼 군주가 되는 경우도 생기게 되었다. 예금은행은 중류 상인에 의한 사업으로 14세기에는 대상인에 의한 수표가 유통되었다. 이러한 수법은 예금 수송의 절약에 기여하였으나 귀금속의 부족 현상으로 이어져 경화의 공급을 따라가지 못했고, 14세기부터 15세기에 걸쳐 심각해지게 되었다.

서아시아 및 아프리카

이슬람 제국의 우마이야 왕조는 비잔티움 제국과 사산 제국으로부터 영토를 획득하여 각각의 금본위제와 은본위제를 계승하였다. 압둘 마리크 시대에는 화폐제도가 정리되어 금화인 디나르, 은화인 디르함, 동화인 파루스가 사용되었다. 디나르는 비잔티움 제국의 노미스마를 모방하면서도 독자적인 중량을 채용했으며, 디르함은 사산 제국의 디렘을 계승했는데 모두 다마스쿠스의 조폐소에서 발행했다. 한편, 파루스는 소액거래에 사용되었고 지역에서 독자적으로 발행했다.

금본위제를 사용하는 지역과 은본위제를 사용하는 지역을 모두 정복했기에 아바스 왕조 때에는 복본위제(複本位制)가 시행되었다. 이후 정복 지역에 묻혀 있던 금을 이용하여 사하라 종단 무역이나 금광에서 새로운 금의 획득, 기술의 향상에 의한 금화의 주조가 활발해져, 9세기에는 이슬람 세계 전체에 금화가 보급되기에 이르렀다. 금화는 무역의 결제 수단으로써 중요했으며 오랫동안 품위(品位)가 유지되어 은화와의 교환비율도 안정되었다.

아바스 왕조 아래에서 지중해나 인도양의 사업은 급증했으나 시간이 지날수록 금은의 제공이 부족해졌고 이에 수표나 어음이 등장하게 되었다. 이후 은 부족은 10세기 파티마 왕조에서 극에 달했고 12세기 아이유브 왕조 때에는 금화의 중량 기준을 바꾸고 은화를 중심으로 하는 조치를 취했다. 이후에도 금은의 부족 현상은 해결되지 않아 중량이 안정되어 있지 않았던 파루스 동화의 인플레이션으로 인해 15세기 이집트에서는 곡물가가 급등하는 등의 경제 위기로 이어지게 되었다. 이는 아이유브 왕조가 불안정한 파루스 동화를 금은화폐와의 교환비율을 정해 화폐제도가 혼란해지게 된 것도 영향을 미친 것이었다. 여기에 디르함 동화라는 계산용 화폐를 도입하여 환율의 변동이 심각해져 파루스의 인플레이션 현상은 필연적이었다. 또한 이는 파루스 동화를 주로 사용하던 민중에게 큰 피해를 끼치게 되었다.

동아시아

당나라가 멸망하고 오대십국(五代十國) 시대가 시작되어도 동의 부족 현상은 여전했고, 이로 인해 연화(鉛貨)나 철대(鐵貸)가 발행되어 경화의 부족이 극심해지고 연화가 화폐의 중심이 되어갔다. 이후 중국을 통일한 송나라는 악화와 사전을 회수한 뒤 동화인 송전을 대량으로 발행했다. 하지만 물가는 안정되지 않고 전황(錢荒) 현상만 심해졌다. 송나라 전에는 주변의 요나라, 서하, 금나라, 고려, 일본, 자와 등으로 유출되어 각국에서 비율의 근거로써 유통되기도 했다.

몽골 제국은 원보라 불리는 칭량화폐와 견사에 의한 세제(稅制)를 정했고, 이들은 훗날 원나라로 승계되었다. 원나라는 지폐인 교초(交鈔)를 발행하는 한편, 귀금속의 사적인 거래와 동화의 국내 사용을 금지했다. 다만, 무역에 의해 귀금속의 유출은 계속되었고 은이나 동은 제국의 확장으로 인해 유라시아 대륙을 동서로 횡단해면서 운반되었다. 이로 인해 중동의 은 부족 현상이 일시적으로 해소되기도 했다. 한편, 원나라가 무너지면서 은의 교역도 크게 줄었는데 이것이 영국이나 이탈리아의 은 부족 현상으로 이어져 은화의 발행을 어렵게 한 원인이 되었다.

한편, 일본에서는 송나라로부터 유입된 송전으로 인해 경화가 늘어나고 이로 인해 가시아게(借上), 도소(土倉), 사카야(酒屋)와 같은 금융업자가 등장하여 금융업의 기초가 형성되었다. 또한 그때까지 행해지던 현물납세가 경화로 납세하는 대전납(代錢納)으로 바뀌는 계기가 되기도 하였다.

근세 · 근대

스페인의 카스티야 왕국은 아메리카 식민지로부터 획득한 막대한 은을 바탕으로 16세기에는 이스쿠두 금화나 레알 은화가 국제적으로 통용되는 화폐로 자리잡게 되었다. 한편, 이러한 은의 유입은 가격혁명의 원인이 되기도 했다. 각국에서 온 상인들이 모였던 안트베르펜은 국제금융의 중심이 되었으며, 이탈리아의 도시들에 이익을 가져다 주었던 거래 수법을 더욱 발전시켰다. 하지만 이후 16세기 후반부터 네덜란드 독립 전쟁이 일어나 안트베르펜은 쇠퇴하게 되었고, 금융거래의 중심은 네덜란드의 암스테르담으로 옮겨가게 되었다. 17세기 암스테르담은 두 종류의 은화를 발행했는데, 함유율이 낮은 은화는 국내용으로써 함유율이 높은 은화는 무역용으로써 나누어 사용하였다. 암스테르담 은행은 예금관리를 위한 계산용 화폐인 뱅크 머니를 척도로 사용하여 복잡했던 서유럽의 계산 체계를 정리하는 역할도 수행해냈다.

중국에서는 홍무제가 명나라를 건국하기 전부터 은화의 발행이 시작되었으나 동이 부족하여 동화가 무역용 화폐로 사용되었다. 이렇게 영락통보(永樂通寶)나 선덕통보(宣德通寶)가 해외에 유통되었고 명일무역

(明日貿易)에 의해 무로마치 막부(室町幕府)의 일본에도 유입되었다. 아메리카 대륙에서 채굴된 무역은은 스페인의 갤리온 무역에 의해 태평양을 경유하여 중국에 도달했고, 명나라는 은의 교역권에 포함되게 되었다. 특히 16세기 이후는 은의 유입이 증가하여 은의 보급에 영향을 주었다. 명나라는 민간에서의 부의 축적을 억제하기 위해 은의 채굴을 규제했으나 스페인의 식민지인 마닐라에서 운반되어 온 5000t의 은이 유입되어 무역상인이 큰 부를 가져 호화로운 생활을 하게 되자, 민중의 반발을 초래하기도 했다.

이후 명나라에서는 은화와 지폐가 화폐로써 정착하여 동화의 발행이 쇠퇴하고 명일무역도 끊어져 일본으로의 동화 유입도 사라지게 되었다. 이로 인해 일본에서는 경화가 부족해져 경화를 척도로 하는 관고제(貫高制)를 대신하여 쌀을 척도로 하는 석고제(石高制)로 이동하는 변화가 일어나게 되었다. 17세기 이후 일본은 귀금속의 생산지가 되어 포르투갈 제국의 식민지인 마카오와 무역을 하게 되었는데, 이 때 일본이 지불한 은은 세계 전체의 생산량 42만kg의 절반인 20만kg에 달한다. 에도 시대에는 쇄국령을 실시하여 포르투갈을 대신하여 네덜란드의 동인도회사와 무역을 하게 되었는데 이때에는 금 · 은 · 동을 거래에 사용했다.

무역은인 멕시코 달러는 국제무역의 결제통화가 되어 19세기에서 20세기에 걸쳐 동량 · 동위의 은화가 각지에서 제작되었다. 중국의 은원(銀元)이나 홍콩 달러, 일본의 원은(円銀), 베트남의 피아스터(Piastre) 등이 이에 해당한다. 여기서 종이화폐로서의 지폐의 역사에 대하여 간단히 살펴보고자 한다.

지폐

지폐가 처음 등장한 것은 중세의 일이다. 지폐는 원료나 원가의 면에서 많은 이점이 있었으나, 발행이 쉬워 인플레이션의 발생 우려가 있었고 이는 국가의 약체화로 이어지기도 했다. 현재의 지폐는 크게 정부가 발행하는 정부지폐와 중앙은행이 발행하는 은행권으로 나뉘나 민간에서 발행하는 지폐도 있다.

세계 최초의 지폐는 중국 송나라의 교자(交子)이다. 교자는 동의 부족으로 막기 위해 쓰촨 등지에서 철화를 대신하는 임시 용도로 발행했다. 이후 쓰촨에서의 교자 발행이 성공적이자 이를 관업(官業)으로 삼아 1023년부터 정부 주도로 발행하여 유통시켰다. 다만, 교자는 기존의 철전에 대한 태환준비의 성격을 가졌으며 발행한도액도 정해져 있었다.

중원을 정복한 몽골 제국의 오고타이 칸은 동의 부족을 메꾸기 위해 교초(交鈔)를 발행하였다. 이후 쿠빌라이 칸이 원나라를 세운 뒤인 1260년 교초는 법정 화폐가 되어 유통되기 시작했고, 이에 반대하거나 위조지폐를 만드는 경우에는 사형에 처했다. 교초의 제조법은 수피(樹皮)를 얇게 밀어 동판화(銅版畵)를 인쇄한 뒤 황제의 어새를 찍어서 완성했는데, 크기는 300 × 200mm보다 약간 큰 크기였다. 마그레브의 여행가인 이븐 바투타가 쓴 여행기인 《리흘라》에는 교초를 '종이 디르함'이라 했으며, 베네치아의 상인 마르코 폴로가 쓴 《동방견문록》에는 지폐에 대한 놀라움이 기술되어 있다. 원나라를 무너뜨리고 세워진 명나라도 동 부족을 이유로 지폐인 대명보초(大明寶物鈔)를 발행했다. 명나라는 기본적으로 지폐는 국내용으로 동화는 무역용으로 규정했으나, 얼마 지나지 않아 지폐는 대부분 사라져 가치가 떨어지자 보초의 역할을 동화가 대신하게 되었다.

몽골 제국의 지방정권이었던 일 칸국에서는 서아시아 최초의 지폐인 차오를 발행했다. 이는 1294년 당시 군주였던 가이하투가 방만한 재정을 재건하기 위해 교초를 참고하여 만든 것으로 한자가 인쇄되어 있었다. 이후 가이하투는 금속화폐의 유통을 금지하고 차오를 유통시켰으나 이슬람화 되어가던 사회 분위기에 정착하지 못하고 2개월 만에 회수하고 말았다.

구미권의 정부지폐는 미국 독립 전쟁 당시, 13개 식민지에 의해 발행된 것이 최초이다. 13개 식민지는 영국으로부터의 독립을 쟁취하기 위해 대륙회의를 소집하고 전비 마련을 위해 1775년부터 1779년에 걸쳐 대륙지폐(컨티넨탈)를 발행했다. 멕시코 달러와의 교환을 규정해 놓았으나, 실제 발행은 13개 식민지 주정부에 있었으며 이것이 대량 발행을 유도하였다. 또한 급조된 화폐이다 보니 위조지폐를 유통시키기 쉬웠고, 영국군에 의한 방해용 위조지폐도 주조되는 등 인플레이션을 악화시키게 되었다.

은행권

스페인이 아메리카 대륙에서 가지고 온 금은으로 인해 16세기 유럽에서는 가격 혁명이라 불리는 현상이 진행되고 있었다. 이로 인해 서유럽은 가격이 급등하여 사람들은 도난이나 마모(磨耗)의 위험 없이 은화를 귀금속 세공상의 금고에 맡겨 두었고, 보관증으로써 증서를 받았다. 이 증서는 곧 현대 은행권의 원형이 되었다. 증서는 금액이나 발행자 성명 등이 적힌 형태로 유통되었으나 결국 왕실에 거대한 대부를 빌려주었다가 회수에 실패하여 파산하고 말았다.

유럽 최초의 지폐는 1661년 스웨덴이 발행한 것이다. 스웨덴은 전비 조달로 인해 재정이 피폐해져 은화가 부족해지자 중량을 늘려 거래에 불편한 동화를 유통시켰고, 그 대신으로 민간은행인 스톡홀름 은행이 은행권을 발행하는 것을 허락해주었다. 이후 스톡홀름 은행이 파탄나자, 세계 최초의 중앙은행인 스웨덴 국립은행이 설립되는 계기가 되었다.

1694년에는 영국이 전비 조달과 신용 화폐 공급을 위한 목적으로 잉글랜드 은행을 설립하여 최초의 근대적 은행권을 발행하였다. 이 은행권은 상업어음의 할인에 사용되어 기업어음에 의한 거래가 확대되어 영국 경제를 성장시키는 데 일조하였다. 영국은 18세기에 브라질의 미나스제라이스주에서 금광을 발견하여 면제품을 수출하는 대가로 대량의 금을 획득하였고, 이것은 금본위제 도입으로 이어지게 되었다.

기타 지폐

18세기 이후 청나라에서는 정부지폐와는 별도로 민간에서 발행하는 전표(錢票)가 사용되고 있었다. 전표는 곡물점이나 술집, 잡화점 등의 상점이 발행하여 현(縣)을 기본 단위로 하여 유통되는 지역통화로써 계절에 좌우되기 쉬운 농산물 거래의 화폐 수급을 조정하는 역할을 하였다. 전표는 20세기까지 계속 사용되어 조표(吊票)로도 불리며, 정부나 상회에서 규제되었다. 17세기 일본에서는 하가키(羽書)를 비롯하여 상인이나 사사(寺社)가 발행한 사찰(私札)이나 각 번이 발행한 번찰(藩札) 등이 지역통화로써 유통되었다.

아랍 제국(諸國)에서는 이슬람의 영향으로 교환을 할 때에는 등량·등가(等量·等價)를 엄격히 고수했으며 가격이 높은 금속을 소재로 한 화폐를 중시했기에 지폐의 도입에 시간이 걸렸다. 1940년대 중반까지 아랍 제국은 여러 종류의 금화나 은화 외에도 영국령 인도의 루피 등이 무역 결제를 위한 통화교환화폐로 사용되었다. 사우디아라비아에서는 사우디아라비아 리얄 은화를 통화로써 사용했으나 은 가격의 급등에 의해 은 유출이 심화되자 1953년 사실상 지폐인 순찰자 수령증을 발행하여 1961년 정식으로 리얄 지폐로써 발행했다.

국제금본위제

근대적 금본위제는 법적으로 화폐 가치의 비율을 정하여 금을 증명도구로 하여 지폐를 발행하는 제도이다. 금화는 '본위화폐(本位貨幣)'로 불리며, 금화와의 교환이 보증되는 지폐를 '태환지폐(兌換紙幣)'라 한다. 따라서 태환지폐의 발행은 발행자가 보유하는 금의 양에 제약을 받는다.

금본위제가 국제적으로 확산된 계기는 1816년 영국의 화폐법에서 본위화폐인 소브린 금화가 제정된 때이다. 영국은 1790년대부터 프랑스와의 전쟁으로 인해 물가가 급등하여 보유하고 있던 금의 양이 격감했고, 영국은행은 1797년 은행권의 금 태환을 정지했다. 이 시기에 은행권의 태환 재개를 둘러싸고 지금논쟁(地金論爭)이라 불리는 통화학파와 은행학파의 대립이 일어났다. 그리고 이 대립은 은행학파의 승리로 끝이 나 1816년에 화폐법을 제정으로 태환을 재개하였고, 1817년부터 소브린 금화를 발행함과 동시에 은화는 보조화폐가 되었다. 이후 태환은 다시 한 번 정지되었으나, 1821년에 완전히 재개되었고 1844년의 필 은행조례에 의해 영국은행은 은행권의 발행을 독점하여 중앙은행이 되었다.

국제금본위제의 성립

영국은행의 기준금리의 조작을 통한 금의 안정과, 세계 각지에서의 금 생산의 증가로 인해 런던은 금지금(金地金) 거래의 중심이 되었으며, 국제적인 금융센터로서 번영했다. 다른 구미제국(歐美諸國)에서도 금본위제로의 진입이 이루어지고 19세기 후반에는 영국의 파운드 스털링을 중심으로 한 국제금본위제가 성립되었다. 이 상황에서도 중국은 은본위제를 지켜 나갔다. 국제무역이 진전되면서 세계 각지에서 사용되고 있던 전통적인 화폐는 기축통화나 금과의 태환성이 높은 화폐로 바뀌어 1국 1통화의 제도가 보급되게 되었다.

한편, 국제무역의 진전에 의해 농산물의 매입이 증가하여 문제가 발생했다. 지역 통화가 태환지폐로 바뀐 뒤 그때까지 지역통화가 가지고 있던 농산물의 계절 변동의 영향을 태환지폐가 받게 된 것이다. 1907년 공황 등의 신용공황의 영향도 겹쳐, 각국은 지폐의 태환준비를 엄격히 하게 되었다. 이는 세계 각지의 신용팽창으로 연결되어, 재지금융(在地金融)은 1920년대를 정점으로 하여 부진이 계속된다.

국제금본위제의 중단

1914년부터 제1차 세계대전이 시작되어 각국은 전비 조달을 위해 금본위제를 정지하고 정부의 재량 하에 불환지폐를 발행하는 관리통화제도로 이행하게 되었다. 전쟁으로 금속이 부족하게 되어 지역통화도 발행되었다. 이후 금본위제는 1919년 미국의 금 유출 해금을 계기로 다시 부활하였고, 1922년 제노바 회의에서는 대전 후의 통화경제에 대해 의논하여 각국에 금본위제의 재개를 촉구하는 결의를 내렸다. 하지만 금본위제를 재개한 국가들은 심각한 인플레이션을 맞이했으며, 미국의 투기로 인해 1929년에는 대공황이 일어나 금본위제는 다시 정지되고 말았다.

블록 경제

세계공황 이후의 각국은 자국의 경제를 보호하기 위한 블록 경제를 구축했다. 블록에 의해 화폐권이 나뉘어 영연방을 중심으로 한 파운드 블록, 미국을 중심으로 한 달러 블록, 독일을 중심으로 한 중추(中歐) 블록 등이 있었으며, 프랑스를 중심으로 금본위제를 유지하는 블록도 존재했다. 한편, 일본은 만주를 합병하여 일·만 경제블록을 형성했으며, 소련은 루블을 통화로 하여 독자적인 경제권을 만들었다. 또한 블록 내의 관세동맹이나 블록 간의 수출 통제, 통상조약의 파기에 의한 국제무역의 분절 등은 제2차 세계대전의 원인이 되기도 했다.

브레튼 우즈 체제(Bretton Woods System)

제2차 세계대전 중인 1944년, 미국의 브레튼 우즈에서 44개국이 모여 연합국 통화금융 회의가 개최되었다. 전쟁 후의 국제통화제도의 틀을 짜기 위해 브레튼 우주 협정이 체결되어 국제통화기금과 국제부흥개발은행의 창설을 결정했다. 한편, 브레튼 우즈 회의에서 세계 경제의 안정을 위한 목적으로 국제통화에 대한 제안도 나왔다. 영국은 초국적인 통화로써 방코르(bancor)를 제안하고 미국은 달러만이 금과의 태환을 가지는 안을 제시했다. 최종적으로 미국의 안을 바탕으로 운용이 결정되어 달러가 금과의 태환성을 가지고 각국의 통화는 달러에 대한 고정환율제를 취하여 가치를 보증하기로 했다. 이를 '금환본위제'라 하며, 기축통화와 세계 제일의 금을 가진 미국이 금융센터의 중심이 되었다.

변동환율제 이후

닉슨 쇼크

브레튼 우즈 체제에 의해 국제통화기금의 가맹국은 미국 달러에 대해 자국 통화의 환율을 정하게 되었다. 이를 위해 미국은 달러를 세계에 공급하기 위해 국제수지가 적자를 유지하게 되었고, 그 덕분에 세계 각국은 경제 성장을 이루어내게 되었다. 하지만 미국의 국제수지가 적자를 유지하면서 달러의 신용이 덩달아 떨어졌고, 이를 만회하고자 신용을 높이면 달러의 공급이 줄어들게 되었다. 이를 트리핀의 딜레마라 한다. 이후 미국은 베트남 전쟁으로 인해 재정지출이 늘어나고 인플레이션이 심화되어 달러의 가치는 더욱더 하락하게 되었고, 국제수지의 악화로 인해 금 준비량마저 감소하게 되었다. 결국 1971년 리처드 닉슨 미국 대통령은 달러의 금 태환 중지를 선언하면서 닉슨 쇼크가 일어나게 되고, 브레튼 우즈 체제는 종말을 고한다.

이후 미국 달러는 고정환율제에서 변동환율제로 이행하고, 주요 통화는 해당 국가의 경제력을 바탕으로 가치를 정하게 되었다. 달러는 금과의 고정환율을 상실한 반면, 금의 구속에서 벗어나는 것이 가능하게 되어 국가 간의 자본 이동이 자유롭게 되었다. 현재에도 외국 자본의 유입을 확보하기 위해 미국 달러와의 고정환율을 취하는 페그제를 채용하거나 달러를 자국의 통화로 하여 가치를 보증하는 국가가 존재하기도 한다.

현대에 이르러서 국가는 통화의 안정을 위해 법률을 통해 화폐에 강제통용력(强制通用力)을 부여하여 가치를 보호하고 있다. 이를 법정화폐 혹은 신용화폐라 하는데 이의 유지를 위해 교환의 매개로써 소정(所定)의 통화의 사용을 거부하는 것이 일반적으로 불가능하다. 또한 법정화폐는 지불완료성을 가지고 있어 거래를 무조건으로 완료시키는 결제수단이 된다.

유럽통화통합

유럽에서는 제2차 세계대전 이후 경제통합이 진행되었다. 이는 경제적 목적만이 아니라 두 차례의 세계대전과 블록 경제의 문제를 겪은 뒤 안전보장에 관한 정치적인 목적도 포함한 것이었다. 이러한 역사적인 배경을 바탕으로 유럽통화통합이 이루어지게 되었다. 1970년에는 통화통합에 대한 구체적인 안이 제시되어 1979년부터 독일 마르크를 중심으로 참가국이 자국 통화의 가치를 고정시키는 유럽통화제도(EMS)가 실시되었다. 1998년에는 유럽 중앙은행을 설립하고 다음해에는 공통통화인 유로화를 11개국에서 도입하였다.

통화위기

변동환율제에 의해 자본의 이동은 가속 · 증대되었으나 그에 비례하여 통화위기의 가능서도 높아졌다. 1992년에는 검은 수요일이라 불리는 영국 금융위기가 일어났고, 그 영향으로 영국이 유럽 환율 메커니즘(ERM)에서 탈퇴하게 되었다. 1994년에는 멕시코에서 금융위기가 일어났고, 1997년에는 태국 밧의 폭락을 시작으로 아시아 금융위기가 일어났다.

전자화폐

1990년대부터 전자결제 서비스인 전자화폐가 선보이기 시작했다. 현재에는 스마트카드에 돈을 넣어두는 형태가 보급되어 있다. 전자화폐의 특징으로는 구입 정보의 기록, 소액 결제의 단축화 등이 있다.

영국의 먼덱스(Mondex)는 1995년부터 전자화폐의 시험운용을 시작했다. 은행의 ATM이나 공중전화카드와 같은 화폐는 이후 독일이나 프랑스에서도 등장했으며, 그게 확산되었다. 아시아에서는 홍콩의 옥토퍼스 카드를 시작으로 1990년대 후반부터 교통기관을 중심으로 보급되었으며, 일본에서도 전자화폐가 운용되었다. 2000년대부터는 각국에서 터치식의 전자화폐가 보급되었다.

암호화폐

법정화폐가 아닌 화폐로써 등장한 암호화폐 혹은 가상화폐는 2000년대부터 등장하기 시작했다. 대표적인 예로 비트코인인데 이는 데이터의 형태로만 존재하며 암호에 의해 복제가 금지되어 있다. 또한 특수한 종이에 인쇄하여 보존하는 것도 가능하다.

비트코인은 2009년 나카모토 사토시가 집필한 논문을 바탕으로 개발되었다. P2P 기술에 의해 가치를 보증받아 중앙은행을 통하지 않은 채 화폐로써 한정적이나마 통용된다. 강제통용력은 가지고 있지 않으나, 익명성이나 국내에서 복수의 통화를 사용할 수 있다는 편리성 덕에 주목을 받고 있다. 2013년 키프로스 금융위기가 일어났을 때, 은행예금의 과세를 피하기 위해 비트코인을 선택한 사람들도 있었다. 한편, 2014년에는 비트코인 최대 거래소인 Mt.Gox에서 비트코인이 소실되는 사건도 발생했다(화폐사 - 위키백과 참고).

무역전쟁의 역사

베네치아와 동로마 무역전쟁

인간이 국제적인 거래를 통하여 경제활동을 하면서부터 끊임없는 전쟁이 있었는데 멀리는 관세와 무역특구 제시를 놓고 서로 승패를 주고받으면서도 상호 공생관계와 외교관계를 유지해 왔던 특이한 무역전쟁이 12c경의 베네치아와 동로마의 전쟁이었다(Namu.wiki/w 무역전쟁 참고).

독일-폴란드 무역전쟁

1925년 1월부터 1934년 3월까지 계속된 독일의 바이마르공화국과 폴란드 제2공화국과 벌어진 무역전쟁 이었는데, 제1차 세계대전 종전을 위한 베르사이유조약에 따라 폴란드는 독립을 쟁취하면서 제1차 세계 대전의 패전국에는 베르사유 조약에 이들 패전국에서 독립한 국가들이 패전국으로 수출하는 물품에 대한 수입 관세를 일방적으로 면제해야 한다는 조항이 붙어 있었다. 이 조항은 영국에서 제안한 것이었다. 1차 대전의 패전국들, 특히 독일은 매우 치욕스럽지만 이를 받아들일 수밖에 없었다.

그런데, 당시 폴란드는 독일과의 무역에 의존할 수밖에 없었으며 독일 제국 시절에 만들어진 폴란드의 산업시설들에서 나오는 공산품들은 당연히 독일로 무역을 할 수밖에 없었다. 또한 폴란드의 농산물 수출에 대해서는 폴란드가 워낙 주변국과 전쟁을 많이 해서 주변국들과의 관계가 나쁘다 보니 소련, 리투아니아, 체코슬로바키아 등 뭐 하나 수출하기 만만한 나라가 없었다. 폴란드에 대한 감정이 나쁜 이들 나라들이 뭐가 좋다고 폴란드 농산물을 무관세로 수입할까? 당연히 폴란드에 대대적인 관세장벽을 걸었다. 그나마 폴란드와 사이가 좋은 헝가리 왕국이나 루마니아 왕국은 자체적으로 농사를 꽤 짓는 국가들이니 생돈 들여 폴란드에서 농산물을 수입할 이유가 없었다. 결국 폴란드의 농산물도 베르사유 조약에 의해 무관세가 보장되는 독일로 흘러들어갈 수밖에 없었다.

그러나 1920년대 초반에 바이마르 공화국의 정권을 잡고 있던 독일 사회민주당이나 가톨릭 중앙당 등 사실상 독일의 모든 정당은 언젠가는 폴란드를 멸망시킨다는 점에 대해서는 동의했다.

폴란드 제2공화국을 고깝게 보는 이러한 상황에서 독일이 폴란드에 물건 팔 때 관세가 부과되고, 반대로 폴란드의 물건이 독일로 들어오는 데에는 관세를 부과할 수 없다는 베르사유 조약은 독일 입장에서 그야말로 천부당 만부당한 조항이었다. 당연히 무관세를 적용한 베르사유 조약 경제조항에 대해서 독일 입장에서는 정파를 가리지 않고 격렬한 반대가 터져 나오는 시점이었다.

상부 실레시아의 73%만 차지하게 된 독일에서는, 베르사유 조약을 무시하고 1925년 1월 6일부터 폴란드의 석탄, 철광석과 강철에 대해 무관세를 철폐하고 수입을 거부했다. 다시 말하지만 나치 독일이 아니라 바이마르 공화국이었다.

어쨌든, 상황이 어렵게 되자, 폴란드는 국제연맹에 도움을 청했다. 마침 1926년에 독일 바이마르 공화국이 국제연맹에 가입했기 때문이었다. 그러나 국제연맹에서는 주변국과 지속적으로 전쟁을 일으킨 폴란드의 국제적 어그로 때문에 베르사유 조약을 깨버린 독일에 대해 더 온정적인 반응이 대세였다. 결국 국제연맹은 "독일과 폴란드의 평화적 해결을 주문한다"며 차일피일 시간만 끌었다. 국제연맹에서는 세계 대공황 때까지 무역 전쟁의 결론을 못 내다가1929년 9월 세계 대공황이 터지자 결국 무역전쟁은 돌이킬 수가 없게 되어버렸다.

결국 독일과 폴란드는 미국, 영국, 프랑스 보다 더욱 큰 GDP 하락을 보이게 된다. 특히 폴란드가 심각해서 1929년부터 1933년까지 폴란드의 총액 GDP는 47%나 감소했다. 그런데 당시 폴란드는 대공황에도 불구하고 인구가 줄기차게 늘고 있어서 1인당 GDP는 무려 68%나 감소했다. 그야말로 대재앙이었다.

그런데, 놀랍게도 1933년 집권한 아돌프 히틀러는 바이마르 공화국에 비해 폴란드 제2공화국에 유화적인 입장을 취했다. 왜냐하면 당시 독일이 재군비도 안 한 상황에서 폴란드와 무역 전쟁을 지속하는 것은 당시 열강인 영국, 프랑스 제3공화국, 이탈리아 왕국에게도 이미지가 좋지 않았기 때문이다. 그래서 히틀러가 먼저 당시 폴란드의 국가상징인 유제프 피우수트스키 앞으로 독일-폴란드 무역 전쟁을 해결하자는 전보를 보내고, 이를 받은 피우수트스키가 즉시 폴란드 정부에 독일과의 협상을 시작할 것을 요청하면서 독일-폴란드 무역 전쟁은 마무리 단계에 들어섰다.

1933년 10월 먼저 독일이 최고 200%까지 매겼던 폴란드 제품에 대한 관세를 20%로 낮추고, 폴란드 제2공화국 역시 11월 독일 제품에 대한 관세를 20%로 낮췄다. 그 상태에서 독일과 폴란드는 독일-폴란드 불가침조약을 맺고, 부속 조약으로 독일-폴란드 자유무역협정을 맺었다. 이 조약은 1934년 3월 2일부로 효력을 발휘했고, 독일-폴란드 무역 전쟁은 무려 9년 2개월 만에 해결이 됐다. 독일-폴란드 자유무역협정은 독일과 폴란드의 공산품에 대해서는 상호 무관세, 농산물에 대해서는 상호 5%의 관세를 매기기로 했다(Namu.wiki/w 무역전쟁 참고).

미국과 일본의 무역전쟁

섬유 분쟁(1957-1972)

미국의 보호무역주의자들의 눈에 최초로 들어온 일본 상품은 섬유 상품이었다. 1957년부터 시작된 일본산 섬유 상품 수입에 대한 무역 갈등은 1960년대에 폭발하였으며 일본산 섬유 상품의 수입이 증가함에 따라 미국은 마침내 일본에 통상압력을 가하였으며, 일본은 오키나와 반환 문제에서 미국이 양보하면 섬유산업에서 양보할 의사가 있다고 제안하였고 이에 미국이 응하면서 1972년에 미일섬유협정과 오키나와 반환이 동시에 이루어졌다. 이 조약에 의해 일본은 섬유상품의 대미 수출을 자율규제 하였으며 태평양 전쟁 이후 미국의 일개 점령지였던 오키나와를 반환 받는다. 이 섬유 마찰은 미일 무역 전쟁의 서막을 열었다.

컬러 TV 분쟁(1976-1977)

1970년대 일본산 컬러TV는 미국 수입 컬러TV의 약 90%를 차지하며 미국 시장의 30% 이상을 차지했다. 이렇듯 일본산 컬러TV 수입으로 인한 무역수지 적자와 미국 컬러TV 제조기업이 상처를 입자 1977년 미국 정부는 일본에 통상 압력을 가하였고 굴복한 일본은 미국 컬러 TV 수출을 자율규제 하였다.

철강 분쟁(1976-1978)

1970년대에 일본 철강산업은 급격히 성장해 일본은 철강 수출국이 된 반면 미국은 철강 수입국이 되었다. 미국의 대일 철강 무역수지 적자가 심해지자 미국은 일본에 통상 압력을 가하였고 굴복한 일본은 미국으로의 철강 수출을 자율규제 했다. 1976년 최종적으로 미국과 일본은 1976년 특별 철강 수입 할당량 한도 계약에 서명했으며 1978년 미국 정부는 트리거 가격 제도를 도입한다.

자동차 분쟁(1979-1981)

1980년대 일본 자동차 생산량은 세계 최고 수준으로 상승했으며 미국 자동차 생산량은 감소하기 시작했다. 미국은 일본에 통상 압력을 가하였고 굴복한 일본은 1981년 미일 자동차 및 부품 무역에 관한 협정에 서명했으며, 일본은 일본산 자동차의 대미수출을 자율규제 하였다.

환율 갈등(1985)

일련의 무역 협정이 체결되었지만 미국의 무역 수지 적자는 여전히 개선되지 않았다. 미국은 그 이유를 미국 달러 환율의 고평가 때문이라고 생각하였다. 1985년 미국, 일본, 서독, 프랑스, 영국의 서방 5개국 재무장관은(G5) 뉴욕 플라자 호텔에서 회의를 열어 외환 시장의 5개 정부의 공동 개입을 통해 주요 통화에 대한 환율을 조작하였다. 일본의 엔화와 서독의 마르크화의 고평가를 유도하여 미국의 막대한 무역 적자를 해결하려는 것이었다. 이 조약은 플라자 호텔에서 서명되었기 때문에 플라자 합의라고도 한다.

통신 분쟁(1985-1986)

1985년 미국은 일본의 전기통신산업에도 압력을 가했고 결국 굴복한 일본은 일본기업의 일본내수시장 독점을 보장하던 전기통신사업법을 개정해 전기통신시장을 개방하였으며, 더 나아가 비관세 무역장벽 역시 상당부분 파괴하였다. 또한 국영기업인 NTT를 민영화하여 전기통신산업에 대한 정부의 지배력을 약화한다.

반도체 분쟁(1986-1996)

1980년대 미국과 일본의 갈등은 반도체 산업에서 또다시 일어난다. 일본의 메모리 반도체 산업은 고도로 성장하여 미국의 메모리반도체 산업을 능가하였다. 이로 인해 위기감을 느낀 미국은 미래첨단산업의 중심이 되는 반도체 패권 만큼은 일본에 넘겨주지 않기 위해 일본에 통상압력을 가하였고 굴복한 일본은 1986년에 미일반도체 협정에 서명하였다. 이후 일본의 반도체 산업은 시장에서 도태된다.

구조조정 합의(**시장 개방**) (1989-1994)

1980년대 후반 미국은 지속적인 대일 무역수지 적자의 원인이 일본 특유의 저축투자 경향, 내수시장의 폐쇄성 등의 구조적 요인이 무역수지 적자의 원인이라 판단함에 따라 미일간의 무역 마찰의 초점은 구조적인 요인으로 바뀌었다.

1989년, 미국은 슈퍼 301조를 발동했다. 같은 해에 미국과 일본은 일본이 내수 시장을 외국에 개방하는 "구조 무역 장벽 계약"에 서명했다.

1993년 7월, 도쿄에서 미국은 일본이 시장을 더 개방하고 특정 수량의 지표로 시장의 개방 정도를 측정할 것을 요구했으나 일본은 규제된 무역의 이유로 이를 거부했다.

1994년, 이에 대해 미국은 일본에 대한 무역 제재를 위해 슈퍼 301조항을 다시 발동했다. 그 결과 굴복한 일본은 제재 마감 시한이 되기 전인 1994년 5월 무역 마찰을 해소하기 위해 10년간 630조엔 규모의 공공투자, 반독점법 지도 지침 작성, 총리실 직속 수입위원회 설치, 특허심사기간 단축, 수입수속기간 단축, 외국자본의 대일투자 규제 완화 등의 조치를 통해 일본의 내수시장을 개혁하고 외국에 시장을 개방하기로 합의했다(Ko.wikipedia.org 무역전쟁 참고).

일본의 입장에서는 지속적인 대미무역 흑자를 내고 있는 것과 함께 국가 안보의 일정 부분을 미국에 의존하고 있기에 미국과의 무역분쟁 시에는 대부분 일방적으로 양보를 할 수 밖에 없는 상황인 것으로 보인다.

호주와 중국 무역전쟁

호주-중국 관계는 2016년부터 마찰이 생기다가 2020년에 호주가 중국의 코로나19 조사를 정밀히 해야 한다고 주장한 것이 기폭제가 되어 양국은 COVID-19전염병, 홍콩 보안법 등과 관련해 갈등을 겪고 있으며, 호주 측은 인도-태평양, 쿼드에 참가하기로 결정하며 주변국과 관계를 강화하고 있다. 2021년 들어서는 AUKUS 창설에 나서기도 했다. 이에 대해 중국은 보복성으로 호주산 쇠고기 수입 규제를 시작으로 호주산 보리, 와인에도 높은 관세를 부과하고 호주산 석탄 수입을 금지시키기 까지 했다. 지속적인 중국의 무역 보복에 호주 정부는 반발하며 12월 16일, 중국이 호주산 제품에 높은 관세를 부과한 것에 대해 세계무역기구(WTO)에 소송을 걸기로 결정했다. 이에 중국 측에서는 호주산 보리 등에 높은 관세를 부과한 것은 호주가 먼저 중국 기업에 차별적인 조치를 했고, 이는 국제관례에 어긋난다고 주장했다.

전문가들은 66조원에 달하는 호주의 대중국 수출액의 4분의 1가량이 무역 분쟁의 영향을 받은 것으로 추산하고 있다. 다만 중국 역시 석탄 부족 상황 속에서 호주 석탄 수입을 막으면서 최악의 전력난을 겪고 있다. 중국의 8% 경제 성장이 위협을 받는다는 전망이 나왔을 정도. 호주에 대한 중국의 보복 관세 등과 수입 규제는 호주의 중국에 대한 강경태도를 바꿀 정도로 호주에 치명적인 영향을 미치지는 못했다. 단, 서구 언론에서는 잘 보도되지 않으나 호주 내부의 고충도 크다. KBS의 인터뷰에 응한 호주 선장에 의하면 중국이 랍스터에 대해 있지도 않은 오염물질을 트집 잡으며 중국 수출을 막아버리면서 랍스터 수출이 막혀 랍스터 가격이 평소보다 반값, 심지어 1/4까지 떨어졌다고 언급했다. 호주는 중국에 대해 자국의 상당한 출혈을 각오하면서까지 중국의 만행에 더 이상 참지 않고 단호하게 중국에 대해 비판하며 대립하는 것을 선택한 것이다. 이에 중국으로서는 노르웨이의 경우처럼 장기전을 상정할 가능성도 있었으나 이번에는 전력난이 장기화되면서 결국 2021년 10월 4일 호주산 석탄 하역을 재개하여 중국이 일정 부분 백기를 들었다(namu.wiki 호주-중국무역전쟁 참고).

무역전쟁은 직접적인 인명피해만 없을 뿐이지 당사국 뿐 만 아니라 주변국들도 모두 경제적 피해를 보는 문제이기에 확실한 정치적, 또는 경제적 이익 등이 보이지 않는 한 일어나는 것이 쉽지 않다. 즉, 경제적 규모가 상대적으로 우위에 있는 국가, 기술적으로 우위에 있는 국가, 자원의 보유가 독과점적 위치에 있는 국가가 다양한 이유로 상대적으로 열세에 있는 국가에 강요하는 전쟁이다. 따라서 호주-중국과의 무역전쟁은 중국이 자신들의 경제규모가 세계2위라는 규모를 가지고 호주를 국제정치적으로 강요하는 전쟁이었으나, 호주가 계속 버틴 결과 오히려 중국에서 석탄과 철광석 부족이 발생하여 경제적, 사회적으로 다양한 문제가 발생하였으며, 결국 중국이 호주에게 굴복한 양상이 되었다.

한국과 일본 무역전쟁

2019년 일본 정부가 수출규제를 하여 한-일간의 큰 문제가 된 한. 일 무역분쟁의 원인은 2019년 대한민국 대법원의 일본제철 강제징용 소송 배상 판결과 해당 기업의 자산 압류 및 매각 명령을 내린 것을 배경으로 한다.

2019년 7월 1일, 일본 경제산업성은 대한민국으로 수출 관리 규정을 개정하여 반도체, 디스플레이 공정 과정에 이용되는 포토레지스트(PR), 플루오린화 수소, 플루오린 폴리이미드(PI) 등 3개 품목에 대한 수출 규제를 7월 4일부터 시행할 것이라고 발표했다. 또한 대한민국을 외국환과 외국무역관리법에 따른 신뢰할 수 있는 대상인 '화이트 리스트' 국가 목록에서 제외하기로 하고 시행령의 개정을 위해 의견을 모집할 것이라고 발표했다.

2019년 7월 4일, 일본은 반도체 관련 3개 품목에 대해 대한(對韓) 수출 규제를 발동하였다. 규제 이전에는 일본이 대한민국에 해당 3개 품목의 수출에 대해 한번 포괄적으로 허가를 받으면 3년 간 허가 심사를 면제하는 식으로 운영했으나, 규제 이후 이러한 우대 조치를 철폐하고 일본에서 대한민국으로 수출할 시 일본 경제산업성에서 수출 심사를 품목 별로 일일이 받아야 한다. 수출 심사에 일반적으로 90일 정도가 소요되지만, 제품에 따라 심사 기간이 더 길어질 수도 있는 것으로 나타났다. 일본 측은 공식적으로 안전보장 상의 이유를 제시하였으나, 대한민국 언론 측에서는 일본 기업에 대한 강제 징용 배상 판결에 따른 보복 조치로 해석하고 있다. 한편 청와대는 이번 사건을 국제법을 위반한 보복적 성격의 조치라며 즉각 반발하였다.

포토레지스트와 함께 반도체 공정에 쓰이는 불화수소는 일본 의존도가 50% 이하로 알려져 있다. 또 공급선 다변화도 이뤄져 있어 추가적인 공급도 가능한 상황이다. 그러나 EUV용 포토레지스트는 일본에 거의 전량 의존하고 있다. EUV용 포토레지스트 제재가 길어질수록 삼성전자는 TSMC와의 미세공정 경쟁에서 뒤처질 수밖에 없다는 것이 전문가들의 지적이다.

이재용 삼성그룹 부회장은 미국 텍사스 오스틴의 삼성전자 반도체 공장에서 불화수소, 포토레지스트를 일본에서 대량 수입해, 대부분을 대한민국으로 재수출할 것을 고려중이다. 이것은 미국 대통령의 허가가 필요하다.

일본 정부는 8월 2일 대한민국을 수출 화이트리스트에서 제외하는 안건을 국무회의에서 의결하였다. 같은 날 대한민국 정부도 일본의 조치에 대한 대응으로 일본을 수출 우대 국가에서 제외한다고 발표하였다. 8월 5일 오후, 대한민국의 코스닥 지수는 6% 이상 급락하여 사이드카가 발동되었다.

8월 7일 일본 정부는 "수출무역관리령을 개정해 대한민국을 '백색국가'에서 제외하며 공포 후 21일이 경과한 날로부터 시행한다"는 내용을 관보에 게재하였다(ko.wikipedia.org).

제2장 현대국가에서의 화폐는?

화폐의 기능

우리가 이미 살펴본 것처럼, 인간이 사회적 동물이며 경제적 동물인 한에는 화폐의 역사와 인간의 역사를 따로 구분하기가 매우 힘들 정도로 밀접하다. 따라서, 우리가 "Bitcoin" 등의 다양한 화폐를 좀 더 정확하게 이해하고 이에 대한 다양한 대책을 살펴보기 위해서는 화폐의 기능이 과연 무엇이기에 세계 각국의 중앙은행들이 이와 관련하여 합동회의를 하며, 중국은 어느날 갑자기 대책없이 Bitcoin을 거래정지시켜 투자자를 당황하게 하고 투자자들에게 막대한 손실을 입히는 것일까?

중국의 격언 중에 "역지사지" 라는 말이 있을 텐데, 수많은 중국의 투자자의 입장은 전혀 생각하지 않고 급하게 거래를 정지시킬 정도로 중국 정부가 심각하게 여긴 것일까?

하지만, 어느 것 하나 확실한 정답이 될 수는 없다. 인간의 삶의 대부분이 그러하듯이

화폐의 본질적 기능

우리가 이미 화폐의 역사에서 살펴 본 것처럼, 화폐의 본질적 역할이란 국가가 존재하기 훨씬 전부터 화폐는 인간사회에서 사용되어 온 이유이며, 이러한 본질적 기능은 인간의 원시적 집단생활에서도 필요한 것이었다.

따라서 고전적 의미의 화폐는 결재수단과 저장의 용이성, 이동의 용이성으로 볼 수 있는데, 그 중에서도 제일 중요한 기능은 결재 기능이

다. 즉 물물거래 시에 발생하는 거래 물건에 대한 평가의 다툼을 해소하고 쉽게 합의할 수 있는 중개역할을 하는 것이다.

그리고 당신이 집을 구입할 수는 있지만, 집에 대한 문서를 가지고 당신의 소유라는 것을 증명할 뿐이지 집을 당신의 금고에 넣을 수는 없지 않은가. 그러나 화폐는 필요할 때 집을 매각하여 같은 가치의 화폐로 당신의 호주머니에 보관할 수 있는 저장기능을 가지고 있다.

그에 더하여 당신이 살고 있는 집이 좋다고 이사를 갈 때 통째로 사는 집을 들고 가기는 불가능하지 않는가. 물론 극히 드물게 예외도 있지만, 이를 이동의 용이성이라 한다.

즉, 화폐는 본질적으로 이 세가지 기능을 가지고 있으며 이러한 기능을 적절하게 수행하지 못하면 화폐로 인정하기가 힘들다.

화폐의 기능의 확대

제2차 세계대전 후 세계경제가 급격히 확대되고 국가 간의 결제수단을 통일화해야 할 경제적 필요성이 확대되면서 세계화폐로 인정되어 통일된 화폐로 출현한 것이 미국의 Dollar였다. 그러나 1971년 8월15일 미국대통령 닉슨의 일방적인 선언으로 브레튼우드협정이 종료되고 금본위의 고정화폐제도가 무너지면서 미국 Dollar의 독점적인 세계화폐의 지위가 차츰 사라지고 국가의 신용도와 대외적 신뢰성, 중앙은행의 독립성, 경제규모 등을 기반으로 하여 일본의 엔화와 유럽의 유로화 등이 또 다른 세계화폐로서의 지위를 갖게 되었다. 이에 더하여 최근에는 Bitcoin등의 전자화폐가 출현하여 정부의 경제정책에 대한 신뢰도가 추락한 국가를 중심으로 하여 정부가 발행하는 화폐보다 더 신뢰성을 인정받는 화폐로 부각되면서 또 다른 세계화폐로의 위치를 차지할 가능성도 배제할 수 없을 것으로 보인다.

이와 함께, 국가의 규모확대와 기능의 다양화로 인하여 국가에서 발행하는 화폐를 이용한 금융정책과 재정정책을 활용함으로써 경기조절 정책과 소득불평등 극복을 위한 정책으로 화폐를 활용한 것이다.

화폐와 정부의 금융정책

금융정책

(가) 통화량은 생산, 물가, 고용 등 국민경제의 여러 측면에 지대한 영향을 미친다. 금융정책이란 통화량이나 이자율을 조절하여 정책목표를 달성하는 정책이다. 즉 통화가치의 안정과 국민경제 발전을 꾀하기 위하여 통화의 양을 적절히 조절하는 정책을 말하며, 금융통화운영위원회가 결정하고 한국은행이 이를 실시한다.

(나) 오늘날 이러한 금융정책은 일반적으로 물가안정, 완전고용, 국제수지균형, 경제성장과 경제발전 등을 목적으로 하여 시행된다.

일반적인 금융정책수단은 간접적인 통화량 조절 수단으로 양적 조절 수단이며, 선별적인 금융정책수단은 통화량 조절의 직접적 수단으로 질적 조절수단을 말한다.

(다) 통화정책의 파급경로 (또는 전달경로)

대부분의 현대국가는 서로 복합적인 영향을 주면서 나름대로 긍정적인 효과가 발휘하도록 다양한 정책을 동시에, 또는 정책의 시차를 두면서 시행하고 있는데, 그 가운데 정부가 화폐의 조절을 통하여 국가의 경제를 운영하는 정책을 통화정책이라 한다.

다만, 통화정책은 정부로부터 독립된 독자적인 의사결정기구-예를 들면 금융통화위원회 등-를 통하여 결정토록 하여 화폐가치 유지와 함께 대외적인 신뢰도를 향상함으로써 국가의 법치주의 확립과 신뢰성 유지에 일정 부분 도움을 주는 것이다. 이와 함께 금융통화위원회의 집행기관인 중앙은행은 시중은행을 비롯한 각종 금융기관이 금융통화위원회가 결정한 정책을 잘 실행하는지 관리하면서 통화정책의 효과를 극대화하도록 하는 것이다.

즉, 통화정책은 중앙은행의 독립성을 보장하고 중앙은행이 국가의 장. 단기적인 경제변화의 환경에 대응하기 위한 화폐의 조절을 독자적으로 하도록 실행할 수 있도록 보장하고 있다. 뒤에 추가로 언급하겠지만, 통화정책과 재정정책의 적절한 조화를 형성하면서 경기를 효율적으로 관리하는 하는 것은 정부의 중요한 역할 중의 하나이다.

중앙은행이 실행하는 금융정책은 크게 두 가지로 나눌 수 있는데, 첫째, 종합적 통화정책, 즉 통화의 흐름이 경제 전반에 영향을 미치는 정책을 말하는데 중앙은행이 모든 시중 은행에게 어음이나 신용장 등에 대하여 동일한 할인율을 적용하는 "재할인율 정책"과 은행이 일정한 유동성을 유지하도록 강제하는 "지급준비율 정책", 정부가 국채(일부 국가는 지방채를 포함)를 발행하고 중앙은행이 시중은행 등에게 매각하거나 정부가 이미 발행한 국채를 회수하여 통화량을 조절하는 "공개시장조작 정책" 등이 있다. 이러한 정책은 정책에 의한 영향이 어느 한 특정 산업이나 기업에 멈추지 않고 국가 경제 전반에 영향을 주는 종합적인 통화정책이라고 한다.

둘째, 선택적 통화정책은 국가가 발전시키거나 보호하고자 하는 특정한 산업이나 기업, 이와 반대로 경기가 과도하게 과열된 산업이나 기업에게 직. 간접적 혜택과 규제를 주고자 하는 정책으로서 대출한도제나 이자율 규제정책, 정책금융 등을 말한다.

이러한 종합적 통화정책과 선택적 통화정책은 결과적으로 물가안정과 완전고용의 지향, 국제수지 균형, 경제성장 등에 영향을 주어 국가

경제가 안정적이고 지속적인 성장을 할 수 있도록 일정 부분을 기여하는 것이 목적이다. 이것을 다시 언급하자면, 아래와 같다.

일반적 정책 수단

① 정책효과가 국민경제 전반에 미칠 수 있도록 고안된 정책수단이다.
② 이자율, 통화량에 대한 간접적 규제를 하게 된다.

선택적 정책 수단

① 정책 효과가 국민경제의 특정 부문에만 선별적으로 미치는 정책수단으로 금융통화당국이 자금 배분에 선택적 · 차별적으로 개입하는 직접규제 수단이다.
② 경제의 안정화 또는 국민경제의 어떤 특정 부문에 대한 자금의 공급을 촉진(혹은 억제)하기 위하여 주로 이루어진다.

통화정책 : 통화량과 이자율

통화량과 이자율은 서로 상충관계에 있다.

예를 들면, 2019년 말에 COVID-19 전염병이 처음 발병되고 그 후에 세계적으로 전염되면서 세계 각국이 통화정책이 이자율 인하와 이에 따라 자연스럽게 증가하는 통화량 공급인데 이것이 소위 "Tapering"이다. 이자율의 하락과 통화량의 증가는 서로 밀접한 관계를 가지면서 움직이고 있는 것이 현실이다. 즉 이자율의 인하, 통화량의 증가와 이자율의 인상, 통화량의 감소가 함께 움직이는 것이다. 물론, 예외적으로 통화의 유통속도가 극히 낮을 경우(화폐 발행은 증가하지만 화폐

소유자가 금고에 저장할 경우)에는 이 이론이 적용되지 않을 수 있다. 현실적으로는 일본의 경우가 대표적이다.

다시 말하면, 화폐수요가 늘었는데도 통화량을 묶어두면, 이자율은 상승한다. 화폐수요가 늘었을 때 통화량 증가 없는 이자율 유지는 불가능하다. 최초의 화폐 시장의 균형점이 있고, 균형 이자율이 주어져 있었으나 어떤 이유로 화폐수요가 증가하였다고 가정하자.

외생적인 요인으로 화폐수요가 증가할 때 중앙은행이 통화량을 일정하게 유지하면 이자율은 상승할 수밖에 없으며, 만약 중앙은행이 이자율을 일정하게 유지하고자 한다면 통화 공급량을 증가시켜야 한다.

이처럼 통화량을 일정하게 유지하고자 한다면 이자율의 변동을 허용할 수밖에 없고, 이자율을 일정하게 유지하고자 한다면 통화량을 변화시켜야만 한다.

즉, 중앙은행이 통화량과 이자율을 모두 일정하게 유지하는 것이 불가능하므로 통화량과 이자율 중에서 한 가지를 중간 목표로 선택할 수밖에 없다.

금융정책의 수단

(가) 일반적 정책 수단(General Control) ⇨ 양적 조절 수단, 통화나 이자율에 대한 간접규제 수단

① 공개시장 조작정책(채권시장이 발달한 금융선진국)

중앙은행이 증권시장에서 기관투자가나 민간을 대상으로 국 · 공채 등의 유가증권을 매입 · 매각하여 통화량을 조절하고 이자율에 영향을 주는 정책수단이다. 다른 금융정책수단 보다 효과가 직접적으로 가장 빨리 나타난다.

② 지급준비율 정책(금융후진국에서 주로 사용)

중앙은행이 예금은행의 법정지급준비율을 변경시켜 통화량을 조절하는 것으로, 가장 쉽게 사용할 수 있는 정책이지만 그 효과는 대단히 낮다. 즉, 지급준비율을 인하하더라도 사람들이 직접 대출을 하지 않는 한 그 효과가 나타나지 않기 때문이다.

③ 재할인율(rediscount rate) 정책 ⇨ 은행거래의 기준이 됨

중앙은행이 금융기관에 빌려주는 자금의 금리 변동을 통해 중앙은행과 금융기관 간의 차입자금 규모를 변화시켜 통화량을 조절하는 정책수단이다. 이 정책은 재할인율의 크기에 따라서 그 효과가 달라지며, 시중은행의 중앙은행에 대한 자금의존도가 높을수록 정책 효과도 커진다.

(나) 선별적 정책 수단 (Selective Control, 질적 조절 수단)

① 대출한도제(ceiling system)

ㅇ국내여신한도제

중앙은행과 모든 예금은행의 국내여신에 대하여 최고한도를 책정하여 놓고 국내여신이 그 이상을 초과하지 못하도록 규제하는 제도이다.

ㅇ중앙은행 자산규제

본원통화는 중앙은행의 금융부채인데 그 크기는 중앙은행의 자산의 크기에 의하여 결정된다. 따라서 중앙은행의 자산을 규제하면 자연히 본원통화가 규제되어 통화량 조절 효과를 가져온다. 즉, 본원통화의 원천인 중앙은행의 대 민간은행 여신, 대정부 여신, 재할인 등에 대한 최고 한도를 정함으로써 통화량을 억제하고자 하는 방법이다.

ㅇ민간은행 자산규제

시중은행의 자산 증가는 곧 시중은행의 부채(예금) 증가를 의미한다. 이를 이용하여 민간은행 자산의 최고 한도를 정해 놓고 그 이상으로 초과하지 못하도록 규제함으로써 통화량을 억제하는 방법이다.

② 이자율 규제정책

통화당국이 금융시장의 이자율을 규제함으로써 신용의 규모와 배분 그리고 통화량 등을 조절하고자 하는 정책이다. 이자율 규제는 은행의 예금이자율과 대출이자율에 상한을 설정하거나 통화당국이 이들 이자율 수준을 직접 결정하는 방식을 취한다.

확대금융정책과 긴축금융정책

확대금융정책

지금과 같은 불황기에 실업을 감소시키기 위하여 총수요를 증가시키는 정책으로 통화량과 은행대출을 증가시키는 정책이다.

확대금융정책의 방법에는 국 · 공채와 통화안정증권의 매입, 지급준비율 인하, 재할인율의 인하 등이 있다.

긴축금융정책

경기과열 시에 인플레이션을 진정시키기 위하여 총수요를 감소시키는 정책으로 통화량과 은행대출을 억제하는 정책이다. 긴축금융정책의 방법에는 국 · 공채와 통화안정증권의 매각, 지급준비율 인상, 재할인율의 인상 등이 있다.

<table>
<tr><th rowspan="2">구분</th><th colspan="2">기대효과</th><th rowspan="2">효과가 큰
국가 형태</th></tr>
<tr><th>통화량 감소</th><th>통화량 증가</th></tr>
<tr><td colspan="4">양적규제수단</td></tr>
<tr><td>지급준비율
정책</td><td>지급준비율
(인상)</td><td>지급준비율
(인하)</td><td>개발도상국형</td></tr>
<tr><td>공개시장
조작정책</td><td>유가증권
(매각)</td><td>유가증권
(매입)</td><td>증권시장이
발달한 선진국</td></tr>
<tr><td>재할인율
정책</td><td>재할인율
(인상)</td><td>재할인율
(인하)</td><td>자금공급이
풍부한 선진국</td></tr>
<tr><td colspan="4">질적규제수단</td></tr>
<tr><td>생산부분</td><td colspan="3">수출관련부분, 중소기업, 영농자급지원</td></tr>
<tr><td>비생산부분</td><td colspan="3">부동산, 증권, 소비자금융정책</td></tr>
<tr><td colspan="4">정책 목표</td></tr>
<tr><td colspan="4">물가안정 → 완전고용 → 국제수지균형 → 경제성장 · 발전</td></tr>
</table>

재정정책(fiscal policy)

개념

(가) 정부 정책의 목표를 달성하기 위하여 재정수지를 이용하여 유효수요를 조정하는 여러 가지 재정적 수단의 체계이다.

(나) 재정이란 공공부문의 경제행위를 말하며, 정부의 세입 · 세출과 관련된 정부의 경제활동을 총칭한다.

(다) 재정정책의 목표는 첫째, 자원배분의 효율성 실현 둘째, 소득분배의 형평성 실현 셋째, 경제 안정과 성장의 실현이다.

여기서 참고로 공공경제와 사경제의 구분을 간단하게 도표로 간단하게 제시한다, 물론, 최근에는 공경제와 사경제의 구분이 사회적기업과 각종 유사 공기업의 등장으로 구분이 희석되어 가고 있는 상황이다.

재정정책을 위한 재원마련 방법

(가) 중앙은행으로부터의 차입: 통화량의 증가를 유발할 수 있다.

구분	공공경제 (재정)	민간경제 (사경제)
목표	사회적 후생의 극대화 (공익추구 : 국민복지증진)	사적 후생의 극대화 (사익추구 : 극대만족, 극대이윤)
주체	국가 및 공공단체	가계, 기업
의사결정기구	투표	시장
의사결정 투표권	1인 1표	구매력에 비례한 투표권(1원1표)
생산 및 소비	공동 (공공재)	개별 (사적재)
수입방법	강제원칙 : 권력을 통한 징수 능력원칙 : 능력에 따른 징수	교환원칙 : 급부와 반대급부의 교환 등가원칙 : 급부 = 반대급부
회계원칙	양출제입(量出制入)의 원칙 : 지출 결정 후에 수입을 조정	양입제출(量入制出)의 원칙 : 수입을 생각하고 지출을 결정
수입지출	수지 균형의 원리 (수입 = 수출, 균형재정)	잉여의 원리 (수입 〉 지출)

⇨ 금융정책과 재정정책의 혼합정책의 성격을 갖게 되므로 엄밀한 의미에서 재정정책이라 할 수 없다.

국 · 공채 발행

케인즈는 소비의 중요성을 강조하는 한편 승수효과를 믿었다. 그런데 조세징수는 개인의 가처분소득을 감소시켜 민간 소비를 위축시킬 수 있으므로, 국 · 공채 발행을 통한 재원마련을 주장하였다.

각 경제주체들이 가용할 수 있는 과거와 현재에 관한 정보를 모두 활용하면 미래에 대한 정확한 예측이 가능하다는 '합리적 기대'를 전제로 한, 새고전파 학자 Baro는 조세부과와 국 · 공채 발행 모두 효과가 없다고 한다. 즉, 정부가 발행한 일종의 차용증서인 국공채는 언젠가 갚아야 할 돈이다. 이를 알고 있는 합리적인 경제주체는 나중에 자신이 치러야 할 대가를 위해 저축을 늘릴 것이고 그 결과 민간 소비가 감소할 것이다.

재정정책의 수단

조세정책

(가) 조세증대

· 가계 : 가처분소득 감소 → 소비지출 감소

· 기업 : 투자수익 감소 → 투자의욕 감소

(나) 조세감소

· 가계 : 가처분 소득 증가 → 소비지출 증가

· 기업 : 투자수익 증가 → 투자의욕 활발

정부의 재정지출정책(공공투자, 사회보장, 공정부조)

(가) 증가 → 국민의 소득, 소비의 증가 → 국민경제활동 활발

(나) 감소 → 국민의 소득, 소비의 감소 → 국민경제활동 위축

세입은 정부가 거두어들이는 수입이며, 세출은 정부가 지출하는 것(=재정지출)이다.

예산

(가) 흑자예산(긴축재정) : 세입 〉 세출 → 통화량 감소, 조세부담 증가(디플레이션 발생)

(나) 적자예산(적극재정) : 세입 〈 세출 → 통화량 증가(인플레이션 발생)

(다) 균형예산(균형재정) : 세입 = 세출 → 건전한 재정

재정정책의 기능

경제의 안정화 기능

(가) 불(호)경기 시에 적극(긴축) 재정정책으로 정부 지출을 증가(감소)시키고 세율을 인하(인상)한다.

(나) 적자예산은 불경기 시에 실업률을 낮추기 위해 편성되며, 흑자예산은 호경기 시에 인플레이션을 억제하기 위해서 편성된다.

경제발전 기능

(가) 세입면 : 조세감면 조치를 통해 기업의 자본을 축적시켜 투자의욕을 고취시키며, 조세 혜택을 통해 저축 증대를 유도한다.

(나) 세출면 : 기간산업, 사회간접자본(SOC)에 대한 투 · 융자와 기술개발을 위한 지원사업(연구소, 직업훈련소)을 실시한다.

소득재분배 기능

(가) 세입면 : 소득세에 누진세율 적용, 고가품에 특별소비세 부담

(나) 세출면 → 사회보장비 지출 : ⇨ 저소득층이 실질소득 증대혜택을 받는다.

효율적 자원배분 기능

(가) 세입면 : 사치품 세율인상과 생필품 대한 세율인하를 통해 사치품 생산에 이용되던 자원이 생필품 생산에 전용되도록 유도

(나) 세출면 : 특정 부분에의 세출을 증대시켜 그 부분으로의 자원 전용을 유도한다.

균형재정과 정책함정

정부가 매년 실제예산을 균형시키기 위하여 노력한다고 하자. 이 때 경제가 불황으로 빠지게 되면 어떻게 되겠는가?

불황기에는 조세의 감소로 예산이 저절로 적자가 된다. 그런데 당국이 예산을 균형으로 유지하려고 하면 정부지출을 줄이든지 세율을 높이든지 두 가지 정책 중 한 가지를 수행해야 한다. 그런데 이러한 긴축재정정책은 총수요를 억제하여 경기를 더욱 침체로 몰고 간다. 경기침체의 가속화는 조세수입을 감소시켜 결과적으로 재정적자는 해소되지 않고 경기는 더욱 침체되는 결과를 가져오기 쉽다. 이처럼 경제가 불황에 빠져 있을 때 균형재정을 추구함으로써 경기가 더욱 침체에 빠지게 되는 것을 정책함정(policy trap)이라고 한다.

재정정책의 종류

재량적 재정정책(discretionary fiscal policy) : **보정적 재정정책 ⇨ 케인스 학파가 선호**

(가) 정부가 의도적으로 정부 지출이나 조세를 변화시켜 국민소득의 변화 및 경제 안정을 이룩하고자 하는 정책이다.

· 불황일 경우: 조세감면, 재정지출 증대(확대재정정책)

· 호황일 경우: 조세증가, 재정지출 억제(긴축재정정책)

(나) 한계

재량정책은 사후적 조치이므로, 시의 적절성을 보장받기 힘들다. 즉 시차가 존재한다.

· 인식시차 : 경제적 문제를 알게 될 때까지의 시차

· 실행시차 : 정책을 결정과 적용할 때까지의 시차

· 외부시차 : 정책이 적용 후, 효과가 나타날 때까지의 시차

· 인식시차와 실행시차를 합쳐서 내부시차라 한다.

실제로 재정정책과 금융정책 둘 다 인식시차는 비슷하지만 재정정책은 실행시차가 길고 외부시차가 짧다. 그러나 금융정책은 실행시차가 짧고 외부시차가 길다. 결국 어느 것이든 비슷한 시차가 존재하며, 이는 결과적으로 '사후약방문' 일 수 있다.

자동안정화 장치 (automatic stabilizer) ⇨ **고전학파가 선호**

(가) 정부가 의도적으로 정책을 채택하지 않더라도 자동적으로 초과수요일 때는 총수요를 억제하고, 초과공급일 때에는 총수요를 촉진시켜 주는 재정제도이다.

(예) 누진세제도, 사회보장제도, 농산물가격유지제도

(나) 누진세는 호황기에 조세수입이 크게 증가하여 유효수요의 증가를 억제하며 불황기에는 조세수입이 크게 감소하여 유효수요의 감소를 축소시킴으로써 경기변동을 완화시킨다.

(다) 실업보험은 호황기에는 실업이 감소하여 자연히 정부지출이 감소하며, 불황기에는 실업이 증가하여 정부지출이 증가하게 되어 경기변동을 완화시킨다.

(라) 평가

자동안정화 장치는 기본적으로 안정화 정책으로 경제가 적정상태(완전고용상태)에서 이탈하는 것을 방지하는 데 효과적이다.

그러나 일단 이탈한 후 다시 적정상태로 회복하는 것에 오히려 저해요인으로 작용할 수 있고, 경제의 급격한 변화를 막는데 충분히 효과적인가에는 논란의 여지가 남는다. 즉 경제성장에 도움을 주지 못하며, 저해요소가 될 수 있다.

정책배합 (policy mix)

국제수지 균형, 물가안정, 고용증대와 같이 정부가 서로 상충되는 여러 가지 목표를 추구할 때는 여러 가지 재정정책수단, 금융정책수단, 국제수지정책 수단들을 섞어서 사용해야 하며, 이것을 혼합정책이라고 한다(금융정책 및 재정정책 Blog.daum.net 참고).

COVID-19 전염병에 의한 각 중앙은행의 정책변화(2022년5월)

호주 중앙은행(RBA)은 지난 2일 열린 통화정책회의에서 '수익률 곡선 제어(YCC)' 정책을 전격 철회한다고 밝혀 전문가들을 놀라게 했다. 팬데믹발(發) 경기 침체를 막기 위해 2024년 4월까지 유지하기로 했던 정책을 돌연 포기한 것이다. YCC는 중앙은행이 국채 금리 목표를 설정하고 이를 달성하기 위해 채권을 매수 또는 매도하는 정책이다. RBA는 유동성 공급을 위해 지난해 3월 사상 처음 YCC를 도입한 뒤 국채 3년물 금리 목표치를 0.1%로 설정하고 이를 넘으면 채권을 무제한 사들이는 방식으로 금리를 눌러왔다. 기준금리도 2024년 4월까지 0.1%를 유지할 계획이었다.

하지만 인플레이션이 발목을 잡았다. 3분기 근원물가(변동성이 큰 농산물과 에너지를 제외한 물가) 상승률이 전망치보다 높은 2.1%에 이르자 시장에서 "호주 중앙은행이 내년 상반기 금리를 올릴 것"이라는 전망과 함께 채권 투매(投賣) 현상이 나타났다. 국채 3년분 금리가 0.75%까지 치솟아 제어가 불가능한 지경에 이르자 RBA는 결국 YCC를 중단하고 "기준금리가 2024년까지 인상되지 않을 것"이라는 문구도 삭제했다. 영국 파이낸셜타임스(FT)는 "RBA는 팬데믹 이후 물가 급등에 대응한 최초의 대형 중앙은행 중 하나가 됐다"고 했다.

코로나 팬데믹이라는 초유의 위기를 맞아 초(超)저금리와 유동성 공급이라는 공동 대응 전선을 펼쳐온 주요국 중앙은행 사이에 균열 조짐이 나타나고 있다. 중앙은행의 맏형 격인 미국 연방준비제도(Fed)는 "인플레이션은 일시적"이라며 금리 인상을 서두르지 않겠다는 입장을 고수하고 있지만, 비(非) 기축통화국 중앙은행들은 저금리가 부른 인플레이션과 자산 가격 거품을 견디지 못하고 돈줄 조이기에 나섰다.

"인플레이션 못 견뎌"... 기준금리 인상 잇따라

체코 중앙은행은 지난 4일 통화정책회의를 열고 종전 1.5%이던 기준금리를 2.75%로 단번에 1.25%포인트 올려 시장을 놀라게 했다. 전문가 예상을 훨씬 뛰어넘어 1997년 이후 최대 폭의 금리 인상이다. 지리 루스노크 총재는 기자회견에서 "높은 인플레이션 기대 심리를 용인하지 않겠다는 확실한 메시지를 주려 했다"며 "다가올 회의에서 추가 금리 인상을 논의할 것"이라고 말했다. 체코 물가 상승률은 6월 2.8%에서 9월 4.9%로 껑충 뛰었다. 난방비 지출이 늘어나는 겨울에는 물가 상승률이 7%를 넘을 것이라는 전망도 나온다.

중·동부 유럽 중앙은행 중 가장 비둘기적(통화 완화 선호)으로 평가받는 폴란드 중앙은행은 지난달 6일 기준금리를 0.1%에서 0.5%로 올린 데 이어 한 달 만인 지난 4일 기준금리를 1.25%로 또다시 인상했다. 지난 9월 폴란드 소비자 물가는 5.9% 올라 20년래 최고 수준이었다. 폴란드 중앙은행은 내년 물가상승률 전망치를 종전 2.5~4.1%에서 5.1~6.5%로 상향하며 "인플레이션과의 싸움에 모든 수단을 총동원하겠다"고 밝혔다. 리암 피치 캐피털 이코노믹스 연구원은 "(비둘기파인) 폴란드 중앙은행이 모래 속에 처박고 있던 머리를 꺼냈다"며 "투자자들이 생각하는 것보다 인플레이션을 훨씬 심각하게 받아들이고 있다는 뜻"이라고 말했다.

다른 중앙은행들도 속속 금리 인상에 나서고 있다. 지난달 14일 칠레가 1.5%에서 2.75%로, 지난달 27일 브라질이 6.25%에서 7.75%로 기준금리를 인상한 것을 비롯해 10월 이후 루마니아(1.25%→1.5%), 헝가리(1.65%→1.8%), 멕시코(4.5%→4.75%), 뉴질랜드(0.25%→0.5%), 러시아(6.75%→7.5%) 등이 금리 인상 대열에 합류했다. 또 캐나다 중앙은행은 지난달 27일 양적 완화 조기 종료를 전격 발표하며 기준금리 인상 시기를 앞당기겠다고 밝혔고, 노르웨이는 12월에 기준금리를 올리겠다고 미리 알렸다. 지난 8월 주요국 중 가장 먼저 기준금리를 0.5%에서 0.75%로 올린 한국은행은 이달 25일 열리는 금통위에서 또 한 차례 금리를 인상할 것이 유력하다.

값싼 돈이 부른 빚 폭탄과 불평등

중앙은행들이 금리 인상을 서두르는 또 다른 이유는 자산 불평등이다. 미국의 투자 컨설팅 기관 야데니 리서치에 따르면, 미국 · EU(유럽연합) · 일본 · 중국 등 4국 중앙은행의 총 자산은 올 9월 기준 30조 8000억달러(약 3경6544조원)로 코로나 사태 직전인 작년 초 대비 10조 달러 넘게 늘어났다. 그만큼 화폐를 많이 찍어냈다는 의미다. 이렇게 불어난 유동성은 실물경제로 향하지 않고 주식과 부동산, 가상화폐 같은 자산 시장으로 흘러들어 버블과 빈부 격차를 유발했다.

세인트루이스 연준에 따르면, 미국의 화폐유통속도는 작년 2분기 역대 최저치(1.1)를 기록한 후 횡보 중이다. 회계법인 딜로이트는 "화폐유통속도가 낮다는 건 풀려 있는 돈이 실물경제 생산활동에 제대로 쓰이지 않았다는 뜻"이라면서 "(같은 시기) 세계 3대 주가지수가 연일 최고치를 돌파했다는 소식은 실물경제 부양을 위해 공급된 유동성이 금융 부문에 집중되고 있다는 주장을 뒷받침 한다"고 지적했다. 그러는 사이 미국의 자산 불평등은 역대 최악으로 치닫고 있다. 미국 경제매체 CNBC가 연준이 공표한 올해 2분기 말 가계부 자료를 분석한 결과, 미국 가계 보유 주식의 89%가 상위 10% 부자 가구에 집중된 것으로 나타났다. 1989년 통계 작성 이래 최고치다.

한국 사정도 다르지 않다. 정부의 대규모 경기부양책과 함께 한국은행은 지난해 '한국판 양적 완화'로 불리는 무제한 환매조건부채권(RP)

매입 제도를 한시 도입하며 시장에 직접 18조6900억원 규모의 돈을 풀었다. 그럼에도 한국의 화폐 유통 속도는 작년 기준 0.63으로 2002년 이후 최저치를 기록했고, 코인과 부동산 가격만 폭등했다. 한국은행은 지난달 30일 발표한 조사통계월보에 실린 보고서를 통해 "지난해 정부 이전지출(실업수당, 재난지원금 등) 확대에도 불구하고 소비불평등도가 2019년보다 상승했다"고 분석했다.

투자은행 도이체방크에 따르면, 선진국 중앙은행이 연설에서 불평등을 언급한 비율은 2018년 5.42%에서 올해 7.96%로 늘었다. 2009년 글로벌 금융 위기 당시 영국 중앙은행인 영란은행에서 통화정책을 담당한 찰리 빈 전 부총재는 최근 "양적완화 정책이 불평등을 가중했다"며 "결코 이상적이지 않은 결과를 내는 이 정책을 자주 사용해선 안 된다"며 뒤늦게 후회했다.

값싼 돈이 부른 또 다른 부작용은 눈덩이처럼 불어나는 부채다. 국제금융협회(IIF)가 지난 9월 추산한 올 2분기 기준 전 세계 정부와 기업, 개인이 진 빚의 총액은 무려 296조 달러(약 35경908조원)로 사상 최고치를 기록했다. 우리나라 올해 예산(555조원)의 632배이고, 전 세계 200여 나라의 작년 국내총생산(GDP)을 모두 합친 것의 4.27배 수준이다. 세계인이 4년 넘게 번 돈을 한 푼도 쓰지 않고 모두 털어 넣어야 겨우 갚을 수 있다는 의미다.

부채 급증은 금융 위기의 도화선으로 작용할 뿐 아니라 인플레이션을 악화시키는 역할도 한다. 특히 팬데믹 기간 늘어난 전 세계 부채의 절반가량을 정부 부채가 차지한다는 점에서 더욱 그렇다. 화폐가치가 떨어지면 부채의 실질 부담이 감소하기 때문에 빚이 많은 정부는 인플레이션을 선호하는 경향이 있다. 독일의 경제 석학 다니엘 슈테털은 코로나 이후 세계 경제를 다룬 저서 '코로노믹스'에서 "각국 중앙정부의 의도적인 저금리 기조 아래 새로운 인플레이션 시대가 펼쳐질 것"이라고 경고했다.

딜레마에 빠진 중앙은행들

유동성이 부른 많은 부작용 때문에 각국 중앙은행들이 금리 인상을 서두르고 있지만, 정작 양대(兩大) 중앙은행인 미 연준과 유럽중앙은행(ECB)은 느긋하다. 지난 3일 열린 연방공개시장위원회(FOMC) 정례회의에서 제롬 파월 미 연준 의장은 "이번 회의에서 금리 인상은 논의조차 되지 않았다"고 못 박았다. 크리스틴 라가르드 ECB 총재는 3일 포르투갈 리스본에서 "기준금리를 인상하기 전 필요한 세 가지 조건이 내년에 충족될 가능성은 매우 작다"고 말했다. 단기적으로는 물가가 불안한 모습을 보이고 있지만 중기적으로는 여전히 인플레이션 압력이 낮아 당장 금리를 인상할 필요가 없다는 뜻이다. 영란은행도 시장의 예상을 깨고 지난 4일 통화정책위원회에서 최저 수준인 0.1% 기준금리 유지를 결정했다.

양대 중앙은행이 금리 인상에 머뭇거리는 명시적 이유는 인플레이션이 에너지 가격 상승과 글로벌 공급망 병목에 따른 일시적 현상이라는 판단 때문이다. 하지만 섣불리 돈줄을 조였다가 물가는 못 잡고 경기 회복세에 찬물만 끼얹는 결과를 초래할 수도 있다는 우려도 깔려 있다고 전문가들은 해석한다. 미묘한 시기에 통화정책을 잘못 썼다가 자칫 1970년식 스태그플레이션이 현실화할 수도 있다는 것이다. 뱅크오브아메리카가 전 세계 자산운용책임자를 대상으로 지난달 실시한 설문조사에 따르면, 응답자의 34%가 "내년 스태그플레이션이 나타날 것"이라 예상했다. 10년 만에 가장 높은 비율이다. 미국 경제매체 블룸버그는

"글로벌 공급망 위기로 중앙은행이 스태그플레이션에 직면했다"고 했다.

전 세계가 빚더미에 오른 상황에서 뒤늦게 인플레이션을 잡겠다고 금리를 갑자기 인상하면 자칫 또 다른 금융 위기를 낳을 수 있다. 러시아 중앙은행(CBR)은 지난 2일 발표한 연례 통화정책 전망 보고서에서 최악의 시나리오로 "전 세계 공공·민간 부채가 급격히 높아진 상태라 연준이 금리 인상 방아쇠를 당길 경우 세계 경제가 급격히 붕괴할 수 있다"고 경고했다. 급격한 금리 인상 시 투자자들이 위험 자산을 투매하고 대외부채가 많은 신흥국이 신용 불안으로 심각한 충격을 받을 수 있다는 것이다. 보고서는 "리스크 프리미엄이 급격히 오르고, 이에 따라 부채 비중이 높은 국가들은 부채를 갚는 데 어려움을 겪을 것"이라며 "2023년 1분기에 심각한 금융 위기가 시작될 수 있다"고 했다.

통화당국 목줄 조이는 가상 화폐

인플레이션만큼 긴박하지는 않아도, 중앙은행을 괴롭히는 또 다른 골칫거리는 유동성을 자양분 삼아 급속도로 성장 중인 가상 화폐 시장이다. 글로벌 코인 시황 사이트 코인마켓캡에 따르면, 가상 화폐 시장 전체 시가총액은 지난 4일 기준 2조7600억달러대(약 3274조원)로 사상 최고치를 기록했다. 코로나 직전인 2020년 초 2000억달러대에서 13배 넘게 불어난 것이다. 가상 화폐의 영향력이 커질수록 중앙은행 권력의 원천인 화폐 발권력은 위협받게 된다. 가령 전 세계 28억명의 이용자를 지닌 세계 최대 소셜미디어 기업인 페이스북은 스테이블 코인(달러 가치와 연동된 가상 화폐) 리브라(현 디엠)를 개발한 뒤 지난 2019년부터 직접 화폐를 발행·유통하겠다는 계획을 추진 중이다.

이 계획은 현재 미국 정부와 연준은 물론 G7(주요 7국)의 반대로 답보 상태이지만, 가상 화폐 시장 일각에선 이미 중앙은행과 정부의 통제를 일절 받지 않는 금융 생태계가 급성장 중이다. 가상 화폐 예치 서비스와 담보대출 등 가상 화폐를 기반으로 한 각종 금융 서비스를 제공하는 '디파이(DeFi · 탈중앙화 분산 금융 서비스)'이다.

이더리움 같은 가상 화폐에 내재된 자동 거래 프로그램(스마트 콘트랙트)에 위 · 변조가 불가능한 블록체인(분산 원장) 네트워크를 활용하는 디파이는 초기 설정 값만 잘 잡으면 알고리즘에 맞춰 알아서 돌아가기 때문에 가상 화폐 거래소마저 필요 없는 완벽한 탈중앙 금융시장이다. 정부와 중앙은행의 통제 수단이 전무하다는 뜻이다. 이러다 보니 최근 규제 당국에선 규제 없이 급격히 커지는 디파이가 자칫 새로운 글로벌 금융 위기를 초래할 수 있다며 경계심을 나타내고 있다. 미국 통화감독국(OCC) 마이클 수 집행국장은 지난 9월 블록체인협회 주최 회의에 참석해 "암호 화폐와 디파이가 2008년 금융위기 직전 신용부도스와프(CDS)와 같은 길을 걷고 있다"고 경고했다.

하지만 이런 경고에 아랑곳없이 디파이 시장에 예치된 자금 규모는 지난 6일 기준 1060억5900만 달러(약 125조8390억원)로 팬데믹 직전인 작년 1월 대비 10배 이상 불어났다(조선일보 안상현기자 기사 2021. 11. 14 참고).

제3장 Digital 세계를 이용하는 중국의 모습은?

=Big, Big Brother에 의한 Digital 독재=

英 소설가 GeorgeOrwell의 소설 '1984'에 나오는 "Big Brother"는 정보의 독점을 통해 사회를 통제하는 권력을 의미한다. 그런데 이제는 더 나아가서 세계가 서로 밀접하게 연결된 시대이기에 Network 산업과 5G, AI 등을 이용하여 세계 어느 지역에서나 개인정보를 불법적으로 이용할 수 있고 어떤 경우에는 국가기관이 불법적으로, 또는 법을 악용하여 개인을 감시, 통제하기도 하며 불법적으로 다른 국가의 선거에 개입할 수도 있는 등의 "Big, Big Brother"시대가 도래한 것이기에 자칫 방심하면 한 독재그룹이나, 한 기업(예를 들면 Google이나 Facebook 등)이 세계인을 통제하거나, 불법선거 등을 자행할 수 있어 인간의 자유와 사생활을 심각하게 망가뜨릴 수 있는 시대인 것이다. 좀 더 심각하게 바라보면, 그리스, 로마제국 이후부터 미국의 에이브러햄 링컨이 1863년에 노예해방을 선언할 때까지 내려온 오랜 노예제도가 Digital 시대를 맞이하여 "Big, Big Brother"가 새롭고 교묘한 노예제도를 이용하여 인간을 구속하는 것을 보고 있는 것이다. 또한, 이러한 현상에 대하여 경제학자 Hayek는 1944년에 발표한 그의 저서 "The Road To Serfdom"에서 이미 경제 분야에서의 국가권력의 집중이 국가의 권력을 비대하게 함으로써 결과적으로 개인의 자유가 침해될 것이라는 것을 학문적으로 결론을 내린 것이다(Licence To Be Bad published with Penguin Random House UK 2020 by Jonathan Aldred 5page 참고).

미국상원외교위원회의 중국에 대한 Digital 감시시스템에 대한 자세한 보고서를 언급하기 전에 중국의 AI와 5G를 이용한 국민의 감시 시스템에 대하여 한 가지 예를 들면, 2018년 현재 반정부성향의 중국인의 540만 명이 고속철도를 이용하지 못하게 통제를 받고 있으며, 2240만 명은 비행기를 이용하지 못하고 있다(The Price of Tomorrow published with Stanley Press 2020 by Jeff Booth의 152 page 참고).

2016년에 발생한 러시아가 인터넷기업을 이용한 미국 대통령선거의 불법적 개입, 그리고 2020년의 미국선거 개입 재시도와 중국의 중국인과 다른 국가에 대한 불법적 감시와 정치개입, Hacking 등이 Digital 기술을 불법적으로 이용한 대표적인 예인데 여기서는 먼저 미국 상원외교위원회에서 독재국가인 중국의 불법적인 "Big, Big Brother" 행태를 우려하는 보고서를 자세히 소개하면서 여러분에게 Digital Technology를 이용한 개인의 자유를 침해하는 심각한 위험성을 이야기하고자 한다.

2020년 7월 21일 미국 상원 외교위원회에서 제시한 중국의 디지털 독재주의 현황 및 제언을 요약하자면

미국은 중국이 자국 국민에 대한 추적을 강화하는데 디지털 기술을 악용하고, 이러한 기술을 다른 독재국가로 수출하고 있다고 주장하는데 이 보고서는 중국의 디지털 독재주의에 미국이 효과적으로 대응하기 위한 방안을 다음과 같이 제시하고 있다.

- 미국의 기술 혁신을 촉진하고 5G 산업 컨소시엄(Industry Consortium on 5G)을 신설할 것
- 중국의 대규모 감시 체제를 막기 위한 디지털 권리 촉진 펀드(Digital Rights Promotion Fund)를 마련할 것
- 사이버 서비스 군사 학교(Cyber Service Academy)를 개설할 것

- 중국에 대항하는 국가들의 연합을 만들고 국무부 내 사이버 이슈를 전담할 부서를 만들 것 등이다.

이제 자세한 내용을 일부 요약하면서 소개하자면 아래와 같다.

상원 외교위원회의 보고서

(1) 제4차 산업에 대한 독재국가 모델과 자유국가 모델의 대결

전 세계적인 Digital 산업의 빠른 성장과 발전으로 개인, 기업, 사회, 국가 등의 일과 삶, 생활, 의사전달 방식 등이 획기적으로 변화하고 있는데 사용하는 도구도 개인용 Computer에서 Mobilephone로 전환되고 Digital 기술도 인공지능을 도입한 AI로 발전됨과 함께 빠르게 변화하면서 통신기술도 5G 시대로 발전하고 있다. 이에 따라, 산업의 규모의 확대와 함께 군사적인 보안과 이에 관련된 새로운 기술의 발전이 지속적으로 진행되어 많은 혜택을 가져오고 있지만, Digital 산업의 영역에서 인간의 고유의 권리를 중시하면서 개방성, 안정성, 신뢰성, 상호협력 등이 매우 중요한 과제인데, 독재국가는 이것을 역으로 이용하고 있어 우리가 이러한 과제를 수행하는데 있어서 매우 큰 위협에 직면하고 있는 것이다. 즉, Digital 산업에 지속적인 개발을 위한 많은 투자를 하면서 인간을 감시하고 통제하는 도구로 발전시키고 있는 것이 현실이며, 중국이 이러한 행태를 기술적인 측면뿐만 아니라 정치적, 경제적, 외교, 군사적인 측면 등 인간의 삶의 대부분에서 빠른 속도로 앞장서서 나가고 있다, 세계를 통제하기 위하여. 중국 공산당정권은 Digital기술을 지속적으로 발전시키기 위하여 막대한 예산을 지원하여 이 새로운 기술로 각 개개인의 삶을 좀 더 깊이, 그리고 더 효과적으로 감시하고 통제하고 있는 것이다. 공산당정권이 Digital 독재를 조장하면서 기술적으로 지원하는 기업에 대해 금전적 투자를 확대할 뿐만 아니라, 국제

적으로는 이와 유사한 독재국가들에게 기술적 지원을 함으로써 결과적으로 공산당정권의 국제적 지배력을 확대하여 국제질서를 중국 위주의 독제체제로 전환하려고 하는 것이다. 즉, 독재국가가 세계 패권을 쥐고 흔들게 되는 것이다.

세계에 대한 미국의 책임

자유세계 리더로서의 미국은 국제적 공동체에게 인간의 가치와 원칙을 지키기 위한 노력을 강력하게 지원하고 있는데, 우리의 경제적, 기술적 기반을 이용하면서 우리의 가치에 반하는 독재체제를 세계로 확대시키려는 세력을 퇴출시켜야 한다. 만일, 미국이 이러한 노력을 실패하게 되면 Digital 산업의 모든 혜택은 중국의 공산당 독재정권에게 돌아가 세계가 Digital 기술에 의한 독재체제가 될 것이다. 멀지 않은 미래에 부딪히게 될 Digital 산업에 대한 이러한 심각성과 중요성을 미국의 지도자들에게 다시 강조할 필요가 있는 것이다. 2018년 1월에 작성된 이 보고서 초안에 따르면, 21c에는 미국의 이익과 안전을 위협하는 주요 경쟁국가인 중국과 러시아를 대응하기 위해서는 반드시 장기적인 방어 전략이 필요하다고 언급하고 있다.

제4차 산업의 발전과 미국의 국가정책 조화

Trump행정부는 미국과 중국이 “새로운 전략적 경쟁관계”에 진입하고 있다고 주장하였으며 상원의 민주당과 공화당 의원들의 대다수도 이것을 지지하였다, 비록 국가안보를 위한 세부적인 정책에서는 차이가 있다.

또한, 새롭게 등장하고 있는 SNS, BLOCK-CHAIN, Digital 감시 시스템, 유전공학, 인체공학, 5G 등의 미국의 국가적 안보와 관련된 새로운 기술이 경쟁시대로 돌입하였는데, 이것은 바로 미국의 안전과 직결되는 매우 중요한 새로운 산업이다. 물론, 상기의 기술에 대한 경쟁력 있는 다양한 관리모델이 미국의 입장에서는 반드시 필요한 것이다.

Digital세계에 대한 국가차원에서의 관리모델이 자유체제의 국가와 독재적 권위주의체제의 국가가 각각 다른 형태로 개발되고 혁신되어 운용되고 있으며, 자유민주체제와 권위적인 독재체제와 운용시스템의 핵심적인 차이는 ① 사생활의 보호 여부, ② 공급망 체계, ③ 천부의 인권과 법치주의의 중요성 여부 등인데 국제사회에서 이것이 어떻게 준수되고 있는가가 우리에게 매우 중요한 것이다. 물론, 교육과 협상의 문화, 언론의 자유 등이 제4차 산업의 발전과 국제관계 등이 함께 서로 매우 밀접하게 상호작용할 수 밖에 없으며, 이 보고서는 무엇보다도 중국이 제4차 산업의 발전과정과 Digital세계에서 국내뿐만 아니라 세계로 확장하면서, 어떻게 권위주의적인 독재체제를 강화하여 가고 있는가를 밝히고자 하는 것이다.

COVID-19전염병과 국가안보

이에 더하여, 2019년 12월에 중국 우한에서 발생한 COVID-19전염병으로 인하여 21c에 직면하고 있는 강대국 사이의 경쟁관계가 미국의 국가안보에 새로운 과제를 제시하고 있는 것이다. 또한, COVID-19전염병은 새롭게 나타나는 Digital 기술과의 접목으로 인하여 선의든 악의든 간에 추가적인 과제를 제시하고 있는데, 이 보고서 초안의 대부분이 COVID-19전염병 이전에 작성되었기 때문에 이 전염병이 독재정권에 어떤 영향을 끼치는가에 연구를 별도로 하지는 않았지만, 향후에는 COVID-19전염병과 Digital 독재정권과의 영향문제도 연구해야 할 중요한 과제이다.

COVID-19전염병과 Digital 기술과의 관계에 있어서 중요한 문제가운데 하나는 한국과 타이완과 같은 자유민주주의체제 국가에서 이 전염병에 대응하기 위하여 "정부의 보건정책이 개인의 사생활을 어떻게 변화시키고 있는가"하는 것이다. 이러한 예는 제4차 산업을 이용하여 개인의 침해하는 많은 예의 하나이지만, 한국과 타이완에서 COVID-19환자에 대한 사생활의 침해에 대한 걱정이 증폭되고 있는 것이며, 이러한 우려에 대한 현실적인 예는 베이징과 티베트에서 인권침해의 사례가 더욱 극단적으로 일어나고 있는데 제4차 산업의 발전방향이 바람직하지 않은 방향으로 진행되고 있는 것으로 볼 수 있다.

COVID-19전염병과 독재정권 확대

미국이 중국, 러시아 등과 군사경쟁을 벌이고 있는 상황에서 중국과 러시아는 COVID-19전염병을 이용하여 독재정권의 영향력을 확장하려는 기회로 삼고 있는데, 독재정권의 모델이 자유민주주의체제보다 우월하다는 것을 보여주려고 하고 있는 것이다. 이처럼 우리는 Digital기술이 Virtuous Cycle(선순환)과 Vicious Cycle(악순환)의 선택의 기로에 있으며, 지금은 국가안보와 세계를 위하여 정책결정권자들의 빠른 행동이 필요한 매우 중요한 시기이다. 권위주의적 독재정권이 인터넷과 이와 관련된 기술을 진전시켜 자유민주적 제도를 훼손시킬 뿐만 아니라, 정치적, 경제적, 군사적, 문화적 측면에서 미래를 장악하게 되는 이 분야의 중요성을 인식하고 엄청난 투자를 확대하여 왔으며 이 기술을 이용하여 자유민주적 기본가치를 꾸준히 손상시키고 있다. 특히 Cyber공간은 새로운 기준과 법규 등을 만들어 가고 있으며 상대적으로 자유로운 영역인데 그동안 미국은 이 영역에서 선두주자로서의 역할을 하면서 세계적인 개발자 역할과 Digital 환경의 미래의 청사진을 그려가고 있었다. 그러나, 권위주의 독재국가인 중국이 이 분야에 막대한 투자를 하여 새로운 Digital 기술을 세계로 확대함으로써 새로운 규정을 만드는 역할을 하면서 미국의 자유와 법치주의의 중요성을 지키려는 노력을 훼손하면서 권위주의 독재체제로 전환시키려고 시도하고 있다. 즉, 중국이 제정하려는 규정을 이용하여 자유와 민주주의 가치를 손상시키면서 감시를 강화하는 새로운 인터넷 영역을 만드는 것이다.

중국의 Digital 독재를 이용한 세계장악 의지

중국은 8억명 이상의 지구상에서 가장 많은 국민이 인터넷을 사용하는 국가이며 Huawei와 ZTE와 같은 5G를 구축하는 통신장비를 제조하는 이 분야의 선두주자인 회사를 보유한 국가이다. 또한 AI(Artificial Intelligence) 등과 같은 제4차 산업의 핵심분야에서 많은 특허권을 보유하고 있으며 중국의 BRI(Belt & Road Initiative)는 세계 인터넷의 미래를 보여 주는 Digital Silk Road를 구축하려고 노력하고 있는데, 그 중요한 이유 중의 하나가 앞으로 수십년 동안 중국의 공산당이 정권을 유지하려는 것이다. 그리고, 나아가서는 Digital 세계를 장악하려는 것이다. 따라서, Digital 세계에서의 중국의 성장은 미국의 우려를 자아낼 뿐만 아니라, 중국이 자유세계의 국가들의 인터넷공간을 장악함으로써 결과적으로 자유세계 국가의 국내 정치에 영향력을 발휘하게 되는 것이다. 즉, 미국과 자유세계에서 추구하는 모델은 혁신을 촉진시키고 시장을 기반으로 하여 성장을 유인하면서 정보의 자유로운 이동을 장려하는 개방적인 모델인데 반하여 중국이 추진하는 모델은 정보를 장악하고 통제하며 인권을 유린하는데 사용되는 독재국가의 모델인 것이다. 에를 들면, 에콰도르, 짐바브웨, 우즈베키스탄, 키르키츠스탄, 파키스탄 등은 독재국가의 모델인 ICT(Information & Communications

Technologies)라는 중국의 모델을 선택하여 국가 기반시설로 추진하고 있으며 잠재적으로 유럽인에 대한 인권유린의 가능성을 갖고 있는 것이다.

중국의 제4차 산업에 대한 대응 방향

중국의 정치적, 경제적 제도는 억압적인 독재국가로 규정할 수 있는데, 2020년 Freedom House가 중국의 제도에 대해 규정하기를 "결코 자유스럽지 않으며", "최근에는 첨차 억압적인 방향으로" 진행되고 있다고 지칭하였다.

중국의 권위주의적이면서 독재적인 행태에도 불구하고 국제사회에서 중국의 경제적, 정치적 역할 및 영향력이 증가하고 있는 이유는 다른 국가에 이러한 유형의 독재정권이 권력을 장악하고 유지하는데 도움을 주고 있기 때문이다. 결과적으로 권위주의적인 독재체제를 합법화할 뿐만 아니라, 서구사회의 자유민주주의체제보다도 우수할 수 있다는 것을 보여주려는 것인데 Digital 세계에서도 이것을 보여 주려는 것이다. 즉, 중국이 이러한 ICT모델을 중국뿐만 아니라 해외 여려 국가에도 확신시키려고 하는 이유는 경제적인 이유뿐만 아니라 독재모델을 세계로 확장시킴으로써 중국의 영향력을 높이면서 중국이 Digital 세계에서 핵심적인 역할을 하여 국제사회에서 미국의 핵심가치인 인권과 자유, 사생활 보호 등을 배제하면서 미국의 세계에 대한 영향력도 위축시키고자 하는 것이다. 따라서, 중국의 이러한 시도는 미국의 자유민주주의 제도와 가치를 심각하게 침해하는 것이다.

제4차 산업의 부작용-심각한 인권침해와 독재정권 강화

상원 외교관계위원회(SFRC) 민주당의원은 2019년 중국의 Digital 독재모델의 성장에 따른 우방 국가들과 미국에 대한 근본적인 위협문제를 조사했는데, 중국이 새로운 Digital 기술을 이용하여 중국인뿐만 아니라 중국인과 관련된 세계 각국의 국민들에 대해서도 통제와 감시를 강화시키고 있다는 것을 지적하였다. 예를 들면, 중국정부는 안면인식기술과 Big Data 기술을 이용하여 인간을 인식하고 그를 차별대우하며, 심한 경우에는 중국변방의 소수민족인 신장의 위구르민족에 대한 학대처럼 재교육이라는 명목 하에 집단적으로 감금시키는 것이다. 즉, 중국은 Big, Big Brother처럼 제4차 산업의 기술을 악용하여 인권을 무참하게 유린할 뿐만 아니라, 이 기술을 세계 각국에 수출함으로써 중국의 독재국가체제도 함께 세계에 퍼뜨리고 있는 것이며, 이러한 예는 중국이 Digital 세계에 독재체제를 전파시키는 상징적인 예이다. 만일 우리가 이 시점에서 차단하지 않는다면, 우리의 동맹 국가들이 인터넷과 함께 이와 관련된 기술이 독재국가의 손에 넘어가 세계가 인터넷 독재국가 시대가 될 것이다.

제4차 산업 발전에 대한 미국의 정책 방향

따라서, 이 보고서의 목적은 중국 내부의 Digital 독재의 핵심적인 문제를 지적하면서 이로 인하여 세계 각국에 어떤 문제를 야기 시키고 있는가를 보여줌으로써 미국이 지향하여야 할 자유세계의 법적 체제와 제반 수단 등을 제시하는 것이다.

여기서 빠뜨릴 수 없는 중요한 문제는 중국이 UN, WHO와 같은 국제기구를 이용하여 영향력을 확대시키려는 문제를 조사하였는데 이 국제기구들에게 중국의 Digital 기술을 이용하도록 하여 독재체제를 확대하려고 압력을 행사하고 있는 것이다. 이러한 국제기구에 대한 중국의 부당한 개입은 앞으로 Cyber 세계의 규칙을 정하는데 직접적인 영향을 주게 될 것이며, 독재국가인 중국의 영향력이 확대됨과 함께 동시에 미국의 자유세계에 대한 지도자로서의 전통적인 영향력도 위축될 수 밖에 없을 것이다.

제4차 산업발전에 따른 독재정권의 위험성 인식

이 보고서를 제시하면서 Cyber 세계에서 중국의 독재체제에 의한 영향력 확대에 대응하기 위한 방안을 제시하자면, ① 중국의 5G기술에 대응하기 위하여 장비제조회사로서 "공적, 사적 융합회사인 Consortium"을 설립하기 위한 법제화를 제안하며, ② 이와 함께 "Digital Rights Promotion Fund"를 설립하여 앞에서 제안한 제조회사를 설립함과 함께 ③ "Cyber 군사 Service 학교"를 설립하기 위한 법을 제정하고, 이를 위하여 미국대통령이 주도적으로 실행하여 연합체(XATO, QUAD 등)를 구성함으로써 중국의 Digital 독재에 대항하여 Digital 세계에서 안정적으로 자유와 정보를 보호하며, 독재국가에 구속되지 않는 안전한 Digital 세계를 만드는 것이다. 이것을 의회에 제안하는 것은 의회가 헌법에 의하여 법을 제정하는 권한을 갖고 있는 기관이기 때문이며, 독재국가인 중국의 성장과 Digital 독재를 더 이상 방치할 수 없기 때문이다. 따라서, 미국과 미국의 가치와 함께하는 우방국이 Digital 독재의 행태가 급증하고 있는 이 시점에서 세계를 위하여 이에 대항하기 위하여 이상과 같은 정책을 실행하는 것이 매우 중요한 것이다.

독재정권 유지를 위한 중국공산당의 선언 내용

중국의 Digital 독재의지를 구체적으로 지적하자면, 2017년 10월 17일 개최한 제19회 CCP(Chinese Communist Party) 전국 인민 대의원회의 개회사에서 "중국이 중국 내에서 Digital 독재모델을 개발해야 한다"고 선언하였으며, 중국공산당 서기장이면서 중국대통령인 시진핑(Xi Jinping)이 Digital 분야에서의 각종 제한에 대한 구상을 "우리가 더욱 심도 있는, 그리고 더욱 기술력이 높은 online 공간을 제공하면 투명한 Cyber 공간을 보장하면서 "통합된 관리를 위한 시스템"을 제시하게 될 것이며, 정치적 원칙의 문제와 이에 대한 이해, 그리고 학문적 관점에 대한 사상적 과제를 위하여 책임 있는 시스템을 수행할 것이다. 그러나, 우리는 명확한 기준에 따라서 잘못된 시각에 대해서는 저항하고 반대해야 한다."라고 확실히 언급하였는데, 이러한 언급은 중국공산당(CCP)의 다양한 목적을 보여준 것이며 중국공산당의 지배에 반대하며 대항하는 인터넷세력을 약화시키면 한편 우호적인 인터넷 세력을 지원하겠다는 것이다. 특히, 시진핑은 중국공산당의 사상에 반대하는 의견과 정보에 대한 접근을 제한함으로써 Cyber공간에 대한 통제를 특별히 강조한 것이다.

중국 내의 Cyber 공간에 대한 공산당의 통제를 강조한 것은 장기적으로는 Cyber 공간에 대한 독재 권력을 강화시키는 것으로 확대시키는 것인데, 이것은 중국 국민을 달래는 한편, 반대 의견을 표명하는 자는 숙청하려는 의도를 갖고 있는 것이다. 간단히 얘기하자면, 국내에서의 Digital 독재를 시작으로 하여 세계에 대한 Digital 독재로 확대하겠다는 것이다. 따라서, 중국공산당은 기술과 독재를 융합한 역사적으로 매우 독특한 Digital 독재를 실행하고 있는데 ① 국민에 대한 감시와 추적시스템을 강화하고 ② Digital 영역에서 전달하거나 저장하는 내용과 기록을 악용하거나 방해하며 ③ 독재적인 Cyber 규정을 시행할 뿐만 아니라 ④ 공산당의 미래를 보호하기 위한 새로운 기술에 막대한 자금을 투자하고 있는 것이다. 이러한 Digital 도구와 다른 기술적 영역과 융합하여 정치적 반대자를 감시, 통제하고 각 개인의 이동을 제한하거나 거주 이전의 자유를 박탈하는 등, 중국인의 인권을 무시하고 있으며 동시에 중국공산당의 독재적 권력을 유지하고 강화하는 것이다. 중국공산당은 지배 권력을 장악한 이후 다양한 방법을 동원하여 각 개인을 감시하고 통제하여 왔는데 Digital 기술은 국민을 통제하는 기존의 방법에 또 다른 방법을 추가한 것에 다름 아니다. 이미 언급한 것처럼, 안면인식기술과 인체공학과 생명공학 등을 이용하여 개인의 활동을 빠르게 인식하고 분류하여 추적하며 공산당에 대한 위험인물이라고 판단되면 사전에 차단하는 것이다. 중국공산당(CCP)의 서기장이면서 중국인민공화국(PRC)의 대통령인 시진핑은 "중국만의 새롭고 위대한 사회로 성공하여, 모든 사람이 존경받고 번영하며 점진적으로 풍요로운 새로운 사회의 건설을 위한 확실한 성공을 보장한다."고 2017년 10월 18일 Online과 세계를 향하여 발표하였다.

독재정권 유지를 위한 제4차 산업의 활용

이러한 기술과 이에 사용되는 각종 도구와 규제 등이 잘 어울어지면 중국공산당이 원하는 것처럼 모든 중국인을 효과적으로 잘 감시할 수 있을 뿐만 아니라 그들에게 적대적인 인물들을 불법적으로, 또는 법을 악용하여 집단수용소에 감금할 수 있으며 종교적인 탄압과 이동의 자유도 제한할 수 있게 되는 것이다. 안면인식기술은 이러한 감시를 위해서 매우 핵심적인 도구로 사용되는데 여기에 Big Data분석도구와 전통적인 Video 감시시스템을 함께 이용하면 중국공산당이 14억 인구의 국민을 효과적으로 잘 감시할 수 있게 되는 것이다. 한편, 중국은 Video 감시시스템 분야에서는 세계적으로 선두주자인데 중국계 2개의 회사인 Hikvision(Hangzhou Hikvision Digital Technology Company)과 Dahua(Dahua Technology Company)가 세계 Video 감시시장의 1/3을 점유하고 있다. Hikvision과 Dahua는 밀접감시시스템(CCTV)을 제조하여 중국 전역에 설치하였는데 이것은 중국공산당과 정부가 국민을 불법적으로 감시하기 위한 정책에 적극적으로 협조하는 것이다. 이 회사들은 2억대 이상의 감시카메라를 중국전역에 설치하였으며, 2021년 말까지는 5억 6천만의 감시카메라를 설치할 것으로 예상하고 있다. 따라서, 이 감시카메라와 AI기술과 도구가 잘 조합이 된다면 중국공산당은, 그 동안 축적한 개인에 대한 각종 기록과 함께, 국민에 대한 신속하고도 효과적인 통제능력을 향상시킬 수 있는 것이다. 이와 더불어, 중국은 국민에 대한 감시능력을 강화하기 위하여 인면생체기록과 AI기술을 융합시키고 있는데 Hikvision뿐만 아니라 Yitu와 같은 Start-up(Yitu), Megvii(Megvii Technology Limited) 등이 카메라를 이용하여 성능이 향상된 안면인식기술 및 이미지와 기록을 분석하기 위하여 새로운 기술을 도입하고 있다. 이러한 프로그램은 중국정부와 공안기관이 감시대상 개인을 확인하고 감시하면서 Database를 확대, 발전시키는데 도움을 주고 있지만, 조명과 카메라의 위치 등의 환경적 요소로 인하여 아직 완벽하게 작동하지 못하고 있다. 그러나 이러한 문제를 극복한다면 중국정부는 감시와 통제를 위한 AI의 능력을 지속적으로 광범위하게 확대시킬 것이다.

중국정부의 Network를 이용한 국민에 대한 감시의 확대는 2020년에 1차 완성되었는데, 2021년에는 이 기술을 지속적으로 발전시키기 위하여 중국경찰이 300억US$를 추가로 투자하기로 하였으며 여기에는 감시대상이 모르게 염탐할 수 있는 기술까지 포함하고 있다.

생체정보를 이용한 인권침해

중국 공무원들이 DNA챔플과 지문, 음성, 혈액형 등의 인체공학과 관련된 자료를 수집하여 대조하고 있는데 국제인권감시단체인 HRW(Human Right Watch)의 중국 신장에 대한 보고서에는 "중국정부가 시민 개인에 대한 다양한 인체공학 모델과 함께 더 많은 개인기록들을 수집하고 있다."는 다양한 정보를 접하고 있다고 언급하였다. 또한, 중국정부는 인터넷에서 일어나는 활동과 대화를 감시하는 기술을 이용하여 많은 개인적인 기록을 탈취하고 있는데, 예를 들면, 중국기관이 신장에 거주하고 있거나 방문하려는 사람에 대하여 특별한 Mobile App인 Fengcai 등을 사용하도록 강요하며 "당신의 메세지와 접촉, 모든 log기록, 일지 등의 개인적으로 예민한 기록을 작성하여 암호를 해제한 상태로 중국기관에 발송하라."는 것이다. 중국정부는 Wi-Fi를 탐지하는 기술자를 고용하여 Network과 연결된 Laptop이나 Smartphone에 저장된 정보를 확인하고 심지어는 Network 시스템을 이용하는 사람들의 e-mail 내용을 당사자 모르게 은밀하게 확인하기도 한다. 중국정부는 이러한 새로운 기술, 이와 관련된 장치, 안면인식기술과 Smartphone App 등을 다양하게 이용하여 시민을 효과적으로 감시하기 위한 자료를 관련 기관에 제공한다. 결론적으로 말하자면, 중국정부는 이러한 기술의 빠른 진전을 독재국가로서 시민에 대한 통제와 감시 능력을 향상시키는데 활용하는 것이다.

중국의 신장지역 위구르 민족에 대한 통제 실상

(가) 2500만 명의 인구가 살고 있는 자치구인 신장은 전체 인구가운데 1100만 명이 위구르 민족이다. 중국은 이 지역에 거대한 규모의 다양한 감시 장비를 설치하여 이 지역의 모든 거주인을 추적, 감시하고

있어 엄청난 현실적, 심리적 영향을 미치고 있는데, 특히 위구르 미족과 이슬람신도에 대한 감시를 집중적으로 하고 있다. "위구르 민족은 본질적으로 분리주의자이면서 극단주의자의 사고를 갖고 있다"고 중국당국이 믿고 있으나, 역으로 중국정부가 이 소수민족을 극단적으로 정치적, 종교적 억압을 하고 있다.

(나) 2014년 이후 중국은 폭력적인 Terror를 방지하기 위한 강력한 대응방안의 하나로 신장지역 전체에 강도 높은 감시 생태계를 선포하였으며, 이 정책에 따라 이 지역의 대도시 주요거점지역을 포함하여 도로와 마을에 대규모의 감시 장비를 설치하고 이 장비를 이용하여 우선적으로 위구르 민족을 감시하고 있다. 중국정부는 안면인식기술과 함께 카메라를 이용함으로써 위구르 민족의 활동을 각 개인 단위까지 밀접한 추적이 가능하게 되었으며 이러한 촘촘한 감시시스템은 이 지역에 거주하는 위구르민족의 자유를 위한 활동을 근본적으로 위축시켰으며 인간의 사생활을 말살시켜 버렸다.

(다) 예를 들면, 소위 안전지역- 가정이나 직장 등으로 설정됨으로 설정된 장소에서 반경 300M를 넘으면 감시카메라에 자동으로 해당 개인에 대한 경보음이 울리게 되어 경찰과 같은 보안당국에 알려주는데, 비록 단순한 활동일지라도 전혀 예외가 없다. 이와 함께 주요 교통지역에서는 경찰이 상주하면서 얼굴을 촬영하여 내장된 Database에서 해당 위구르인이 여행 허락을 받은 인물인지를 확인하는 시스템도 활용하고 있다. 이러한 촘촘한 감시시스템은 위구르 민족의 종교활동도 심각하게 위축시키고 있는데, 2018년 프랑스 언론에 따르면, Hikvision이 중국정부와 신장자치구의 Moyu County에 있는 967개의 회교교회(Mosque)에 감시카메라를 설치하는 계약을 체결한 것으로 밝혀졌으며

중국정부는 이 카메라를 이용하여 "회교성직자인 Imam이 정부의 지침을 잘 준수하고 있는지 확인"하는 것이라고 말했다. 위구르인은, 중국정부의 지시를 위반하지 않도록 하기 위하여, 비디오 감시에 추가하여 인간의 기본권을 정면으로 무시하는 다른 억압적이면서 통제적인 정책을 수용하여야 한다.

(라) 2016년부터 2017년까지 위구르인들은 각 개인의 생체에 대한 각종 수치를 중국정부에 제출하였는데 신장에서는 이것을 "모든 사람에 대한 신체 기록"이라고 명명하였다. 예를 들면, 건강진단을 한 이슬람교도인 Tanir Imin은 혈액과 안면, 음성, 지문 등을 중국정부가 확인하였지만, 중국정부로 부터 "주민평가점수에서 낮은 점수를 받았기 때문에 그에게는 자신의 신체에 대한 정보를 받을 권리가 없다."고 말했다는 것이다. Manir Imin의 일체의 개인적인 생체정보는 정부에서 관리하는 신장 거주인의 새로운 정보에 저장되어 앞으로 필요할 경우에 대비하여 본인의 의사와 상관없이 정부에서 저장하는 것이다. 이와 함께 중국 보안당국은 위구르인이 사용하는 각종 통화내용이나 Text Messages 등도 적극적으로 감시하고 있다. 중국 정부는 위구르인이 사용하는 각종 전자기기에 중국 정부가 지정하는 App를 설치하도록 강요하여 개인적인 활동을 감시하고 있다. 한 예를 들면, Jing Wang라고 불리는 App는 보안장치가 전혀 없는데 위구르인에게 이 App를 설치하도록 강요하고, 중국 정부는 이 App를 이용하여 개인적인 활동에 깊이 침투하면서 감시활동을 강화하는 것이다. 물론, 중국 정부는 이에 대하여 불법적인 Terror나 종교 활동을 확인하는 것일 뿐이라고 변명하고 있다.

(마) 중국에 대한 인권감시기관의 일원인 Sophie Richardson은 "이 새로운 App는 각 개인에 대한 방대한 양의 자료를 수집하기 위한 도구

일 뿐"이라고 강조했다. 일체의 이러한 시스템 효과는 독재국가가 위구르 민족이나 다른 소수민족의 권리를 박탈하여 Urumgi나 Kashgar와 같은 대도시에 소재하는 집단수용시설로 이송하려는 작업의 일환인 것이다. 신장에 있는 다양한 감시 도구는 여러 가지의 개인적인 중요한 정보를 자동으로 중국 정부에 제공하면서 주민에 대한 통제와 함께 독재 권력을 강화하는데 도움을 주고 있는 것이다. 이러한 작업은 Digital 기술에 내재하고 있는 본질적인 기능을 잘 이용하면서 감시의 효율성을 강화하는 것인데 신장에 거주하는 각 개인에 관하여 수집한 막대한 자료를 바탕으로 하여, 중앙정부는 의심되는 행동이나 상황에 신속한 대처를 하기 위하여 Mobile App를 이용하여 신장지역에서 수집한 이러한 정보를 중앙 Server에 제공하는 것이다.

(바) IJOP(Integrated Joint Operations Platform)은 중국 정부가 소유한 국방기술회사인 CETC(China Electronics Technology Group)의 자회사에서 개발된 중앙관리시스템인데 감시카메라나 인터넷에서 탈취한 개인정보나 신장에서의 행동이나 동정을 감시한 정보 등을 통합하는 시스템이다. IJOP는 App를 이용하여 Mobile기기에 접근하기도 하며 막대한 기록을 지속적으로 Upgrade하고 분류하여 각 개인의 향후의 행동을 예상함으로써 필요하면 중국 경찰에게 사전에 경고를 알리기도 하는 것이다. HRW(Human Right Watch)의 고위연구원으로서 중국에서 활동하는 Maya Wang은 IJOP시스템에 대하여 말하기를 "세 가지의 폭넓은 기능, 즉, 정보수집, 심각한 활동과 환경에 대한 보고, 감시활동 촉진"이라고 했다. 따라서, IJOP는 경찰 또는 관련 정부기관에 의심되는 활동에 대한 조사를 촉구하고 해당 기관의 조사결과를 IJOP에 Feed Back함으로써, 중국 정부가 더 많은 개인정보를 이용할 수 있는 정보의 순환시스템을 이용하여 효율적이고 즉각적인 감시활동을 하게 되는

데, 역으로 사생활과 관련된 인권을 완전히 무시하는 것이다. 미국 국무부에 조사에 따르면, 중국은 이러한 감시시스템을 이용하면서 위구르 민족, 카자크 민족, 그리고 신장에 거주하고 있는 다른 이슬람 종교단체 등의 200만명이상을 수용소에 감금시켜 감시하고 있다는 것이다.

중국관리는 "이 수용시설에서 극단주의자들에게 직업교육을 시키는 시설이다."라고 말했지만, 실질적으로는 독재정권을 유지하기 위한 불법적이며, 독단적인 강제수용시설에 지나지 않는 것이다. 이 수용시설에 갖혀 있는 위구르인과 다른 소수민족은 위생상태가 매우 좋지 않은 지저분한 시설에서 수면 부족과 영양상태가 부실한 식사 등의 총체적인 인권침해를 당하면서 정치적인 강제교육을 받고 있는 것이다.

신장에 있는 이러한 종류의 여러 수용시설 중의 한 곳에서 근무하다가 카자흐스탄으로 망명한 Sayragul Sauybay가 CNN에 증언한 내용에 따르면, 한 중국공산당원이 그녀에게 말하기를, "위구르 민족과 다른 소수민족을 수용시설에 감금시켜 강제로 정치적 교육을 시키는 것이 한족으로 변화시키는 가장 좋은 방법이라고 인정" 하였으며 그녀는 여기에 추가하여 "수용된 사람들에 대한 성폭력을 포함한 수많은 인권침해가 있을 것으로 의심되며 수용된 소수민족들의 어린 아이를 강제로 격리시키는 경우도 있다."는 것이다. 조사원 가운데 한 사람인 Adrian Zenz가 발표한 자료 가운데 가장 충격적인 사건은 "신장의 Turkic 이슬람 신자를 추방할 때 2세 정도로 추정되는 어린 아이들과 그들의 부모를 강제로 떼어내어 아이들을 정부의 양육시설에서 보호하거나 교육을 담당하는 기숙사에서 양육하는 것"이었다.

(사) 이러한 보고서는 중국의 공산당 정권이 어떤 강제 수단을 동원하여 신장에 있는 소수민족을 북경의 독재 정권에게 복종하도록 강요하는지를 밝히는 것인데, 북경에 있는 독재정권의 본질-특히 위구르 지

역의 소수민족들에게 행하는 행태는 그 자체로 우리에게 경고를 주는 것이며, 더 나아가서는 중국의 독재정권이 AI, 인터넷, 안면인식 등의 제4차 산업을 이용하는 첨단장비와 기술을 활용하여 소수민족의 인권을 심각하게 침해하면서 어떻게 그들을 감시하는가를 적나라하게 보여주는 것이다.

중국의 제4차 산업을 이용한 인권침해 사례

New York Times가 전문가들의 말을 인용하여 기재한 내용을 언급하자면, "중국정부가 위구르인을 감시하기 위하여 이용한 안면인식기술과 인터넷, AI 등의 제4차 산업 관련 기술이, 독재정권이 그들의 권력을 강화하기 위하여 의도적으로 이 기술들을 이용하면, 인권을 얼마나 심각하게 침해할 수 있는가를 명확하게 보여 주는 좋은 예라고 할 수 있다."는 것이다. 미국 국무부에 따르면, 북경의 감시시스템은 일반 주민을 감시할 뿐만 아니라, 신장의 수용시설에 감금되어 있는 2백만 명 이상의 위구르인과 카자흐스탄인 등을 감시하는데 도움을 주었다는 것이다. 비록 중국인 모두가 중국공산당 독재정권에 감시당하고 있지만, 신장지역에서 이용하고 있는 촘촘한 감시시스템이 아직 중국 전역으로 확대되고 있지 않다. 그러나, 신장에서 시행하고 있는 주민에 대한 감시시스템은 중국의 Digital 독재를 위한 좋은 모델을 제공한 것이며, 앞으로 중국공산당은 이 감시시스템을 전국으로 확대할 계획을 가지고 있다.

이 계획은 중국 정부가 기업과 국민의 활동을 통제하면서 2020년에는 14억명의 중국 인구를 통제할 SCS(Social Credit System)을 시작으로 하여 신장에서 시행하고 있는 것처럼 개인에 대한 행동과 정보, 기록 등을 이용하여 강한 통제를 하는 것이다. 즉, 수집된 개인에 대한 정보가 NCISP(National Credit Information Sharing Platform)을 통하여 국가정보기관에 접수되면, 중앙정부가 관리하는 주된 Database로 전송되는 것이다. 중국 정부는 SCS에 의하여 획득한 정보를 이용하여 반정부 활동 등으로 의심되는 개인의 사생활을 관찰하고 Blacklist를 작성하거나 항공기의 탑승을 금지하는 등의 여러 가지 방식으로 감시와 인권침해를 활발하게 된 것이다.

중국의 Digital 독재시스템의 합법화

일반 중국인은 아직 감지하지 못하지만, 중국정부가 SCS를 이용하여 신장지역에서 주민을 밀접 감시하는 시스템을 중국 전체로 확장하여 새로운 독재정권의 감시모델로 활용하려고 하고 있으며, 이 문제는 중국 공산당 정권에게 독재정권의 지속적인 유지를 위하여 매우 중요한 과제로 등장하였다. 중국정부가 기술적 측면에서의 독재를 강화하기 위하여 해외의 제4차 산업 관련 Platform이 중국에 진입하는 것을 제한하면서 중국 내의 기업으로 이와 유사한 Platform을 발전시켜 중국인에게 직접 또는 간접적으로 이 Platform을 사용토록 하고 있으며 이에 따라 중국 기업의 Platform이 중국 시장에서의 영향력을 확장하여가고 있는 것이다. 이러한 외국기업에 대한 제한을 통하여 성장한 중국계 회사인 Alibaba, Tencent, Baidu 등의 인터넷회사가 시장가치로 보면 세계수준에서 상위권에 위치하고 있는데, 이러한 회사들은 기본적으로 한 팀이 되어 중국정부가 원하는 각종 개인정보를 제공하고 있다. 예를 들면, Alibaba는 e-commerce를 제공하고 있으며, Tencent는 social media, game, 그리고 기타 정보 등을 제공하고 있는데, 다른 Platform에게는 Platform에서 필수적인 정보의 자유스러운 흐름을 방해함으로써, 결과적으로 중국 공산당정권이 인터넷영역에서 외부의 소식과 분리되도록 하여 통제를 강화할 수 있는 것이다. 중국연구를 위한 Mercator기관에 근무하는 Kristin Shi-kupfer과 Mareike Ohlberg는 "중국의 Digital 성장-유럽에 대한 도전"이라는 제목의 논문에서 중국의 독재적 Cyber 법 실행에 대하여 언급하였는데, 새로운 제4차 산업관련 기술이 발전되면 중국정부의 비공식적인 구호인 "먼저 발전, 그런 다음에 규제"에 따라서 새로운 Digital 기술을 우선적으로 진행하면서 사회 전체와 통합하여 이를 이용한 규정을 제정하는 것이다.

중국은 Digital 영역에서 지속적인 성장을 하여 왔으며 이제는 중국의 가혹한 규제와 법을 실행에 옮겨 Cyber 영역이 중국공산당의 규제에 따르도록 하는 것이데, 최근에는 이러한 의도에 따라 중국정부의 통제를 받도록 법적 규제를 강화시켜 중국의 피라미드식 통제활동으로 정치적 반대세력을 억압하고 중국정부의 정치적 선전이 합법화된 것으로 보인다.

기술에 대한 중국 독재정권의 투자원칙

중국의 Digital 독재의 빠른 발전과 함께 Digital 기술 분야에서 세계 선두주자로서의 부상은 동시에 이뤄진 것인데, 앞에서 언급한 것처럼 이러한 기술은 CPP의 독재정권이 과거에 비하여 매우 효율적이고 유용하게 국민을 통제하고 감시하는데 사용되고 있으며, 독재주의 원칙에 부합하는 기술이 지속적으로 발전함으로써 중국에서 발전한 Digital 독재주의는 더욱 진화할 것으로 보인다.

결론적으로 중국에서는 독재권력의 국민에 대한 통제능력을 더욱 강화시키기 위한 혁신적인 새로운 기술 개발을 위한 투자를 계속할 것이다. 중국공산당 지도력은 Digital 영역이 반드시 중국공산당의 통제영역의 범위에 있는 것이 핵심인 것이다. 따라서, Digital 영역에서 새롭게 발전하는 기술은 중국공산당의 원칙과 부합하면서 작동하여야 하는 것인데, CCP의 원칙에 부합하지 않는 기술은 오히려 국민에 대한 통제 능력이 약화되기 때문이다. 이러한 목적을 위하여 CCP는 이러한 기술에 막대한 투자를 지속적으로 하며 Digital 분야에서 활동하는 중국 기업들에게 엄청난 이익을 넘겨주는 것이다. 중국은 연구와 개발 분야의 투자에 2010년부터 2017년까지 전년도에 대비하여 매년 17% 이상 증가하여 왔으며, 2018년에는 GDP의 2.19%를 투자하였다. 특히 중국은 감시분야의 Start-up기업을 장려하기 위하여 믿을 수 없을 정도의 막대한 금액을 투자하여 왔는데 New York Times가 2018년에 발표한 내용에 따르면 "갑자기 나타난 AI기업인 Sense Time은 620백만US$를 투자받았는데 기업의 가치를 45억US$로 평가한 것이다. 또 다른 경쟁회사인 Megvii는 중국의 최고위층에 의하여 설립되었으며 중국정부가 지원하는 Fund를 포함한 여러 투자회사로부터 4억6천만US$ 규모의 투자를 받았다." 중국에 있는 115개의 유럽기업이 가입하고 있는 단체는 "China Manufacture 2025" 보고서에서 중국이 국내의 전자통신분야에 얼마나 많은 투자를 확대하고 있는가에 대하여 앞의 두기업에 대한 것과 유사한 언급을 하고 있다.

세계를 향한 중국의 Digital 독재주의

(가) 중국이 진행하고 있는 사이버 세계에서의 Digital 독재에 대해 말하자면, 중국의 경제력이 확장됨에 따라 Digital 세계에서의 중국의 독재 국가형 모델이 미래의 모델로 영향력을 높이고 있는데 중국의 Digital 독재는 CCP가 중국인 등이 국내에서 그들이 접근하는 모든 정보를 통제하면서 그들이 자유민주 체제로 발전하는 것을 사전에 차단하면서 독재정권을 강화하고 경제와 기술의 성장을 동반하는 것이다.

중국이 Digital 독재모델을 완성시키는 방향으로 진행하면서, 중국의 지도자들은 강력한 통제와 자동화된 감시모델을 유지하는 Digital 독재의 기술과 방법을 세계로 수출하여 정치적, 경제적 이익을 동시에 획득할 수 있다는 것을 인식하게 되었다. 즉, 중국의 정치지도자들은 ICT(Information and Communications Technology)와 Digital 모델이 국내에서와 마찬가지로 해외에서도 그들의 정치적 영향력을 증가시키는 방향으로 발전시키고 있는데 해외에서는 BRI(the Belt and Road Initiative)'s 사회간접자본시설과 무역, 훈련 등을 이용하여 중국과 60개 이상의 다른 국가들과 관계를 강화하는데, 2017년 5월에 중국의 지도자인 시진핑은 중국이 수십억 달러가 소요되는 Digital Data와 BRI를 통합하여 "21c의 Digital Silk Road"를 창조할 것이라고 선포하였다. 이와 함께 중국은 전 세계에 광섬유 Network를 설치하여 왔으며, ICT 분야의 역할을 강화하여 Digital 독재를 수출하려고 시도하고 있다.

Digital 기술의 수출과 Digital 독재의 세계로의 확대

Digital Silk Road 선언은 중국이 해외시장에 이미 Digital 독재모델을 수출하고 있는데, 확대하고 있는 Digital 독재모델의 수출을 공식화한 것에 불과하다. 예를 들면, 2015년에 중국의 통신업계 3위 업체인 CTG(China Telecom Group)은 아프리카와 중동지역을 총괄하는 지역본부를 설립한다고 발표하였는데, 그 이후 UAE, 남아프리카 지역, 케냐, 이집트, 나이지리아 등에 CTG Network 시스템을 확장하여 왔으며 이 지역의 회사이면서 아프리카의 선두그룹 회사인 Wananchi와 함께 이 지역에서의 사업을 지속적으로 확장하고 있다.

특히, 중국회사인 Huawei의 5G는 중국정부와 함께 BRI(the Belt and Road Initiative)를 추진하는 국가에서 Huawei의 5G 사업이 빠르게 신장하고 있으며 다른 경쟁회사가 제시하는 건설비용 등에 대비하여 30% 이하의 낮은 가격으로 입찰하여 사업을 진행하고 있다.

(가) Venezuela

현재, 심각한 부정주패와 연 2,000%에 달하는 Hyperinflation으로 인하여 국민들이 못살겠다고 탈출하는 등, 말썽 많은 베네수엘라의 대통령인 Nicolas Maduro는 중국의 인터넷과 Mobile 장비, AI를 이용한 감시시스템, 안면인식기술과 이와 관련된 장비 및 Software를 도입하여 국민을 통제하는데 사용하고 있다. 베네수엘라의 Maduro 독재정권은 이것을 이용하여 정치적 반대세력을 학대하고 통제하고 있으며 반대의견을 주장하는 SNS나 정치적 내용을 아예 금지하여 이너넷을 조작하고 있다. 또한, 중국과 유사하게 국민을 감시하고 추적하여 정부에 대한 비판세력을 집단수용시설에 감금하고 인권단체의 여러가지 기록에 접근하여 정보를 감시하고 있다.

(나) Tajikistan, Uzbekistan, 등의 중앙아시아 국가

2013년에 Huawei는 타지키스탄과 "안전도시"를 진행하기 위한 계약을 체결하면서 차관을 포함하여 2천2백만US$ 규모의 사업을 하였는데 이 자금은 도로와 공원 등을 감시하기 위한 카메라 설치 등에 사용되었다. 이와 함께 중국은 티지키스탄의 5개 통신회사 중의 하나인 TK Mobile을 소유하고 있다.

1919년 4월 중앙아시아의 우즈베키스탄정부는 Huawei와 국가감시시스템을 설치하기 위한 10억US$ 규모의 계약을 체결하였으며, 수도인 타슈켄트의 중심지역에 383개의 카메라를 설치하고 속도위반을 기록하여 분석하고 관계기관에 자동으로 보고하는 시스템을 설치하였다. 추가로 Huawei와 새로운 계약을 체결하여 향후에는 정치적인 문제에 대

해서도 Digital 기술을 이용하여 관리하기로 하였다. 그리고, Huawei는 키르쿠츠스탄의 통신회사들에 대한 핵심적인 기술제공회사 중의 하나이다.

(다) 해외로의 Digital 독재 진출을 돕는 중국회사들

중국의 2개 회사인 Huawei와 CEIEC(China National Electronics Import & Export Corporaeion)는 남아메리카의 에콰도르에 감시시스템을 설치하였으며, 이와 함께 전화를 추적하는 시스템을 제공하고 있는데, New York Times에 따르면, 향후에는 안면인식도 가능한 장비를 제공할 것으로 보인다고 했다. 결과적으로 중국과 중국의 기술진이 에콰도르에서 이러한 감시기술을 완전히 통합하고 깊이 개입하여 에콰도르 기술진의 교육까지 맡게 됨으로써, 에콰도르는 중국의 Digital 독재가 남아메리카로 진출할 수 있는 교두보가 되어, 이러한 중국회사들이 베네수엘라와 볼리비아까지 진출할 수 있었으며 그 가운데 베네수엘라에는 3000개의 감시카메라를 포함하여 더욱 강화된 감시시스템을 설치하게 된 것이다.

이외에 짐바브웨에도 중국의 Digital 독재시스템이 이미 진출된 상태이다.

중국은 이러한 회사들을 이용하여 여러 독재국가들의 경제적, 기술적으로 지원하면서 국제사회에서 중국의 영향력을 강화시킬 뿐만 아니라 중국에서 이러한 국가들의 국민을 감시할 수 있는 Big, Big Brother의 감시능력을 배가시키고 있다. 예를 들면, “Huawei 한 회사가 최소한 세계 50개 국가에 AI 감시시스템을 제공하고 있다.”고 민주주의와 인권문제 등의 분야에서 근무했던 미국 국무부의 전고위공무원이 증언했다. Hikision, Dahua, ZTE와 서로 협조하면서 Huawei가 AI시스템을

진출시킨 국가는 63개국이며, 이 가운데 36개 국가는 BRI(Belt and Broad Initiative's)에 소속된 국가들이다.

그러나, 미국이 중국의 Digital 독재 확대를 강력하게 반대하고 있는 이상의 내용과 더불어 미국이 국가적 차원에서 기술적으로 지원하고 있는 기술혁신의 이유는 미국의 기술적 우위를 유지하면서 다양한 기술을 서로 조화롭게 발전시키고 이것을 바탕으로 하여 파트너십을 갖고 있는 국가와 기업을 도와주면서 해외시장에서 미국기업들이 경쟁력 우위를 지속할 수 있도록 하는 것이다.

국제기구에서의 중국의 독재주의 강화

앞에서 살펴본 것처럼, 중국이 세계의 여러 국가에 Digital 독재시스템을 제공하면서 중국의 독재국가로서의 영향력을 세계를 향하여 강화시키고 있을 뿐만 아니라, 국가 간의 외교를 통하여, 그리고 UN(United Nations)과 WTO(World Trade Organization) 등의 국제기구 분야에서 중국의 독재성향의 규정을 확대하기 위하여 지속적으로 노력하고 있다.

예를 들면, UN alc WTO 등에 중국의 정치적, 경제적 영향력을 행사하여 Digital 분야에서 중국의 독재주의 모델을 위한 규정을 따르도록 하는 것이다.

(가) UN(United Nations)

중국은 UN에서 Cyber세계의 미래를 위하여 반드시 필요한 "자유와 공정의 가치"를 지속적으로 방해하여 왔다. 한 예를 들자면, 중국의 국내에서 행해지고 있는 인권을 무시하거나 말살하는 행위에 대한 UN을 통한 지속적인 개선을 위한 국제적인 노력을 꾸준히 방해하여 왔다. 2011년에 중국은 러시아와 타지키스탄, 우즈베키스탄 등과 함께 UN

총회에서 정보와 보안에 대한 국제적인 규약 제정과 관련된 초안을 반대하였으며, 2015년에는 SOC(Sanghai Cooperation Organization)이 다른 국가들과 함께 Digital 영역에서 중요한 개인의 인권과 독립성 등을 강조하면서 이 결의안에 "정보에 대한 국제적인 표준을 토론하여 사전에 이 문제에 대한 합의를 도출하자고 하면서, 이 표준을 제정하기 위한 위원회를 만들자"고 하였는데 중국이 이 위원회의 의장을 맡겠다는 것이었다. 즉, 결의안을 중국의 의도대로 하겠다는 것이었다, 실패하였지만.

(나) WTO(World Trade Organization)

중국은 UN이 Cyber 세계에서 규정을 만드는 과정에서 영향력을 강화하기 위하여, Digital 상거래에 대한 WTO의 규제와 표준을 완전히 변경하기 위하여 영향력을 행사하였는데, 만일 이 규정이 중국의 의도와 대치되는 방향으로 제정되고 시행된다면 중국정부의 Cyber 세계에서의 감시체제가 약화되기 때문에 중국은 WTO가 Digital 상거래에 관하여 제정하려는 시행합의서를 강력히 반대하고 있으며, 중국정부는 그 대안으로 토론을 통한 기록의 흐름과 보관에 더 관심이 있다는 것을 나타내었다.

현재, 중국의 Digital 상거래에 대한 접근은 WTO 규정-사실은 관련이 적은 비강제적인 부분-에 따르고 있다고 ITIF(Information Technology and Innovation Foundation)에 근무하는 Nigel Cory는 주장했다.

(다) WIC(World Internet Conference)

2014년에는 중국이 자신들의 Digital 독재기술을 국재사회에 전파시키기 위하여 세계 Digital 기술 회의를 개최하여 WIC(World Internet Conferaence)에서 CAC(Cyberspace Administration of China)가 주관하

도록 하였는데 이 회의를 개최하는 중국정부의 첫번째 실질적인 목적은 Cyber 세계에서 중국이 통제하려는 "Wuzhen 선언"을 선포하는 것이었다. Wall Street Journal에 따르면, 참가 국가들의 반대로 성사되지 않은 것으로 알려졌지만.

(라) 국제 규정을 결정하는 기구

국제기구 중에 중국이 가장 관심을 갖고 영향력을 행사하려고 하는 국제기구는 ITC Standards-Setting Bodies이다. 이 국제기구는Digital 세계에서의 도로를 확정하는 기관이며 이 기관에 속하는 몇개의 조직이 Digital 도로에 대한 규정을 제정하는데, 이 가운데 한 조직인 3GPP(The 3rd International Partnership Project)는 라디오, 핵심 Network, 기술과 서비스, Cellphone 등의 이동통신의 기능을 보완하는 영역을 실험하는 조직이며 7개의 통신회사가 기술의 발전에 따른 표준을 정하고 발전시키는 사적 분야에서 영향력이 큰 조직이다.

미국-중국 위원회에 따르면, "중국이 3GPP에서 의장 또는 부의장을 책임지는 위원들의 인원을 확대하면서 영향력을 높이고 있는데, 2012년에는 53명의 위원 중에 9명이었던 중국인의 위원 규모가 2017년 12월 이후에는 58명 중에 11명으로 증가하면서 영향력이 확장되었다."는 것이다.

결론 : 미국의 대응방안

중국의 Digital 독재모델 새로운 등장과 Digital 영역에서 중국의 Digital 독재모델의 영향력을 확장하기 위한 노력으로 인하여, 중국의 Digital 독재모델이 Cyber 세계의 미래를 장악하려는 의도를 적나라하게 보여주고 있다.

이 보고서의 진입부에서 언급한 것처럼, 중국은 중국 내부의 국민을 위한 Digital 추적과 감시시스템 등을 발전시키면서 CCP(China Communist Part)에 협조하지 않는 개인과 단체에 대한 억압과 감시를 발전시키고, 국내에서 발전된 이러한 국민에 대한 Digital 감시시스템을 이용하여 세계에 대한 중국의 영향력을 확대함에 따라, 이제는 중국의 Digital 독재시스템이 세계 각국의 새로운 문제로 떠오르고 있는 것이다. 심지어 미국과 확고한 동맹관계를 맺고 있는 국가들까지 상대적으로 낮은 투자비용과 대체 기술력을 갖고 있는 업체를 찾기 힘들다는 이유 때문에 중국의 5G기술을 통합한 중국의 통신기반시설을 이용하는데 관심을 보이고 있는데, 이러한 상황은 미국의 외교적, 정치적인 미래를 불안하게 할 뿐만 아니라, 독재국가인 중국이 국제사회에서 경제적, 외교적 영향력을 확대시키고 있는 것이다.

중국이 국제사회에서 Digital 독재모델을 주도하는 방향을 방치하면, Digital 영역에서 각종 Digital 독재성향의 법규와 모델을 세계로 확장시켜 미국이 의도하는 방향과는 반대방향으로 진행되어, 미국은 자칫 중국에게 Cyber 세계에서의 주도권을 상실하게 될 가능성이다. 이에 더하여, 만일 중국이 Digital 독재를 위한 각종 기구를 완성하고 국내와 국제사회에서 이러한 기구들을 효과적으로 이용한다면, 미국과 미국의 우방국 등의 몇 개 국가를 제외하고는, 세계 대부분의 국가들이 중국이 주도하는 Digital 독재모델을 따르게 될 것이다.

또한, 미국이 세계 지도국가로서의 외교적, 기술적 노력을 포기한다면, 중국의 Digital 독재국가로서의 위치가 더욱 강화되어 불행한 Digital 세계의 미래를 보게 될 것이다.

전략적 측면에서, 중국의 Digital 독재주의가 더욱 진보한다면 Digital 세계와 현실세계에서 중국의 영향력이 확대되어 결과적으로 Digital 세계에서 미국을 능가하게 되며 결과적으로 중국이 Digital 세계에서의 법규제정 등을 주도하게 될 것이다.

중국의 Digital 독재주의가 세계를 주도하게 되면, 다른 국가들도 중국과 좋은 관계를 유지하기 위하여 노력할 것이며, 이는 미국과의 관계도 영향을 미칠 수 밖에 없게 될 것이다. 특히 현재 발생하고 있는 중국 내에서의 Digital 독재주의 행태를 보면, 중국의 압박이 세계적으로 증가할 것을 예상할 수 있는 것이다.

이에 더하여, Cyber 세계에서 중국의 기술과 가치에 의존하게 되면 미국 시민을 포함한 세계인의 개인적인 인권이 Cyber 영역에서 부정적인 영향을 받게 될 수밖에 없으며, 중국 신장지역의 위구르 민족과 같이, Digital 독재주의가 인권을 침해하는 중국의 Digital 독재주의 모델이 전 세계에 확장될 것이다.

만일, 지금 이러한 상황을 막지 못한다면, 중국의 Digital 독재주의 모델이 전 세계를 지배하게 되어 Digital 기술을 이용한 독재주의 모델에 의하여 세계인의 고유한 인권이 심각하게 침해될 것이며, 전 세계는 현재 중국인이 맞고 있는 Digital 독재주의로 인한 인권침해보다 훨씬 더 심각한 Digital 독재주의의 통제시대를 맞게 될 것이다(미국의 상원 외교위원회 중국의 Digital 독재 자료 2020 요약, 기재 참고).

중국 1당 독재의 홍콩에 대한 인권침해

홍콩인에 대한 참고로 조선일보 2021년 6월 4일자 인터넷기사에 난 중국이 홍콩을 독재주의로 전환한 뒤의 상황을 보겠다.

홍콩 당국이 중국 천안문(天安門) 사태 32주년 기념집회를 불허하면서 매년 6월 4일 촛불 집회가 열렸던 홍콩 빅토리아파크는 4일 저녁 침묵에 휩싸였다. "6 · 4(천안문 시위) 재평가" "일당 독재 종식" 구호는 사라지고 경찰 수천명이 1m 간격으로 공원을 에워쌌다. "최대 징역 5년 형에 처해질 수 있다"는 당국의 경고에 매년 수만명이 참여했던 대형 집회는 취소됐지만 일부 홍콩 시민은 촛불을 들고 인도를 행진했다. 당국이 촛불 집회를 금지한다고 하자 불을 붙인 담배를 들기도 했다.

천안문 사태는 1989년 4월 사망한 후야오방(胡耀邦) 중국 공산당 총서기 추모 집회가 민주화 시위로 확산하자 6월 4일 덩샤오핑(鄧小平) 등 중국 지도부가 군을 동원해 베이징 천안문광장 일대 시위대를 유혈 진압한 사건이다. 최소 200여명이 사망했고 1000명 가까이 사망했다는 추산도 있다. 중국 공산당은 문화대혁명(1966~76년) 등에 대해서는 당(黨)의 역사적 과오를 인정했지만 천안문 시위는 '반당(反黨) · 반혁명 폭동'으로 규정하고 있다. 중국 본토에서는 논의가 금기시되고 있다. 홍콩은 중국 영토지만 고도의 자치를 유지하며 1990년 이후 매년 천안문 시위를 기념해왔다.

홍콩 당국은 올해 코로나를 이유로 천안문 기념집회를 불허했다. 지난해는 당국의 집회 불허에도 홍콩 시민 수천명이 "일당 독재 종식" 등의 구호를 외쳤다. 하지만 지난해 6월 30일 홍콩 내 반(反)국가 활동을 감시 · 처벌하는 홍콩보안법이 시행되면서 중국 공산당을 직접 겨냥하는 시위는 처벌 대상이 될 가능성이 커졌다. 집회를 주최해온 시민단체 홍콩시민지원애국민주운동연합회(支聯會 · 지련회)도 올해 공식 집회를 취소하여 홍콩 민주 진영은 시민들에게 거리에서 천안문 추모 촛불을 나눠주고, 천안문 집회가 열릴 예정이던 오후 8시 코즈웨이베이에서는 100여명의 시민들이 촛불을 들고 인도를 걸었다. 홍콩 천주교정의평화위원회가 주관하는 천안문 희생자 추모 미사에서는 300여명이 참석했다.

리척얀(李卓人) 지련회 주석은 3일 소셜미디어를 통해 촛불 사진을 올리며 "정권이 집회를 금지할 수는 있지만 사람들 마음속의 슬픔까지 막을 수 없다"고 했다. 리 주석은 불법 집회 개최로 징역 1년 6개월 형을 받고 수감 중이다. 3일 밤 일부 홍콩 시민이 빅토리아파크를 찾아 촛불을 켰다가 경찰 조사를 받기도 했다고 홍콩 명보가 보도했다.

홍콩 경찰은 7000명을 동원해 집회 저지에 나섰다. 지난해 동원된 경찰력(3000여명)의 2배다. 이날 오후 2시부터는 빅토리아파크 일부 지역의 일반인 출입을 금지했다. 4일 일부 시민이 "시대혁명 광복홍콩" 경찰은 이날 오전 7시 30분 초우항텅(鄒幸彤) 지련회 부주석을 불법 집회를 광고해서는 안 된다는 '공안조례'를 위반한 혐의(최대 징역 1년)로 체포했다. 바리스타인 초우씨는 4일 명보에 "오후 8시(집회 예정 시각) 당신의 촛불을 보고 싶다"는 내용의 기고문을 실었다.

중국 본토에서는 언론이나 소셜미디어에서 천안문 사태 관련 논의가 일절 금지돼 있다. 차이잉원(蔡英文) 대만 총통은 이날 자신의 소셜미디어에 "우리는 32년 전 천안문광장에서 희생된 젊은이들과 매년 6월 4일 촛불로 이를 애도한 홍콩 친구들을 잊지 않을 것"이라고 했다.

홍콩 민주 진영은 시민들에게 거리에서 천안문 추모 촛불을 나눠주고, 천안문 집회가 열릴 예정이던 오후 8시 코즈웨이베이에서는 100여명의 시민들이 촛불을 들고 인도를 걸었다. 홍콩 천주교 정의평화위원회가 주관하는 천안문 희생자 추모 미사에서는 300여명이 참석했다.

리척얀(李卓人) 지련회 주석은 3일 소셜미디어를 통해 촛불 사진을 올리며 "정권이 집회를 금지할 수는 있지만 사람들 마음속의 슬픔까지 막을 수 없다"고 했다. 리 주석은 불법 집회 개최로 징역 1년 6개월 형을 받고 수감 중이다. 3일 밤 일부 홍콩 시민이 빅토리아파크를 찾아 촛불을 켰다가 경찰 조사를 받기도 했다고 홍콩 명보가 보도했다.

홍콩 경찰은 7000명을 동원해 집회 저지에 나섰다. 지난해 동원된 경찰력(3000여명)의 2배다. 이날 오후 2시부터는 빅토리아파크 일부 지역의 일반인 출입을 금지했다. 4일 일부 시민이 "시대혁명 광복홍콩" 경찰은 이날 오전 7시 30분 초우항텅(鄒幸彤) 지련회 부주석을 불법 집회를 광고해서는 안 된다는 '공안조례'를 위반한 혐의(최대 징역 1년)로 체포했다. 바리스타인 초우씨는 4일 명보에 "오후 8시(집회 예정 시각) 당신의 촛불을 보고 싶다"는 내용의 기고문을 실었다.

중국 본토에서는 언론이나 소셜미디어에서 천안문 사태 관련 논의가 일절 금지돼 있다. 차이잉원(蔡英文) 대만 총통은 이날 자신의 소셜미디어에 "우리는 32년 전 천안문광장에서 희생된 젊은이들과 매년 6월 4일 촛불로 이를 애도한 홍콩 친구들을 잊지 않을 것"이라고 했다.

Digital 독재에 대한 새로운 대응

(1) 미국의 타이완 신외교정책 수립

중국의 경고에도 美. 대만과 '무역투자협정' 본격화

미국이 대만과 무역투자기본협정(TIFA)을 맺기 위한 고위급 대화를 10일 시작했다. 이는 미국이 국제사회에서 대만을 정식 국가로 인정하겠다는 의미로 풀이된다. 중국은 그간 '하나의 중국'(중국은 대만과 나

될 수 없는 하나다) 원칙을 주장하며 "레드라인(Red line)을 넘지 말라"고 수차 경고했지만, 미국이 사실상 이를 무시해 중국의 거센 반발이 예상된다.

이날 미국 미국무역대표부(USTR)은 캐서린 타이 대표(47)가 대만 최고 무역대표인 존 덩 장관과 화상회담을 열었다고 발표했다. 타이 대표는 미국-대만 간 무역투자의 중요성을 강조했고 양측은 몇 주 안에 제 11차 TIFA 협의회를 열기로 약속했다고 밝혔다. 앞서 7일 토니 블링컨 미 국무장관도 미 하원 외교위원회 청문회에서 대만과의 회담 계획을 공개했다.

TIFA는 국가 간 무역 거래에서 투자를 활성화하자는 협정으로 자유무역협정(FTA)의 전 단계로 평가된다. 1992년 당시 칼라 힐스 USTR 대표가 대만을 방문했을 때 양국의 논의가 처음 이뤄졌고 1994년부터 협상이 진행됐다. 이후 대화는 중단과 재개를 거듭하다 전임 도널드 트럼프 행정부 때 미국은 중국과의 무역 협상에 주력하겠다면서 대만과의 논의를 중단했다.

협상을 재개한 조 바이든 미 행정부는 최근 대중(對中) 견제와 이를 위한 글로벌 반도체 공급망 강화에 힘을 쏟고 있다. 세계 1위 반도체 파운드리(위탁생산) 기업 TSMC를 보유한 대만은 미국에서도 중요 국가로 급부상하고 있다. 대만 역시 중국과 대립하는 관계지만 경제적으로 수출, 수입 모두 중국에 가장 크게 의존하는 처지여서 미국과의 무역 강화가 절실하다.

타이 대표는 대만 출신 이민자 부모에게서 태어난 대만계 미국인이다. '벨벳 장갑 안의 강철 주먹'으로 불리는 타이 대표는 바이든 행정부 내에서도 대표적인 '대중 강경파'로 꼽힌다. 그는 USTR 대표가 된 뒤 "중국에 대한 관세 폭탄을 철회하지 않겠다"고 했다.

앞서 8일 자오리젠 중국 외교부 대변인은 “미국은 ‘하나의 중국’ 원칙에 따라 대만과의 어떠한 공식 왕래도 즉각 중단해야 한다. 대만 독립 분열 세력에 잘못된 신호를 보내지 말라”고 주장했다(2021년 6월10일자 인터넷 동아일보 참고).

(2) “중국산 5G 쓰지 마” 압박에서 '당근'으로 돌아선 美

지난 13일(현지시각) 영국 콘월에서 열린 G7(서방 선진 7개국 모임, 미국 · 영국 · 프랑스 · 독일 · 이탈리아 · 캐나다 · 일본) 정상회의에서 각국 정상들이 ‘더 나은 세계재건’(Build Back Better World · B3W)이란 이름의 기반시설 투자구상에 합의했다.

중저소득 개발도상국이 2035년까지 약 40조 달러(약 4경 4640조 원) 규모의 기반시설 수요를 충족시킬 수 있도록 지원하겠다는 계획이다. 중국의 ‘일대일로 프로젝트’에 맞대응하는 성격이 강하다. 미국 주도로 이뤄졌음은 물론이다.

미국 정부가 중국에 대한 견제의 고삐를 더욱 조이고 있다. 특히 5G 분야에 있어 주도권을 내주지 않으려고 더욱 다양한 방면으로 압박하고 있다. 중국 통신 장비 사용이 정보 · 기술 탈취와 직접적인 연관이 있다고 보기 때문이다.

월스트리트저널(WSJ)은 “그간 미국 정부는 화웨이나 ZTE 등 중국산 통신 장비를 사용하는 나라들에 강압적인 정책을 펼쳐왔으나 최근 들어 방향을 틀었다”며 “각종 인센티브 등 ‘당근’을 제시하며 베이징의 5G 야망을 가로막기 시작했다”고 보도했다.

이번 G7 공동성명에서 나온 ‘더 나은 세계재건’은 이 같은 맥락에 있는 셈이다.

◇ 중국 견제 위해 '채찍' 대신 '당근' 든 미국

미국이 집중적으로 공략하려 하는 곳은 중부 · 동부 유럽이다. 이 지역 국가들은 중국과 가까워지고는 있으나 아직 동남아시아처럼 깊은 관계를 맺고 있지는 않다.

미국은 이들 국가가 더 이상 중국과 가까워지는 것을 막고자, 화웨이 장비를 사용하지 않고 5G 네트워크를 구축할 수 있도록 돕는 방안을 여러모로 구상 중이다. 워크숍 교육, 참고자료 제공 등을 적극적으로 활용한다는 계획이다

미국 의회는 중부 · 동부 유럽 국가들이 중국산이 아닌 통신장비를 구입하는 데 있어 미국의 원조를 받을 수 있도록 하는 법안까지 준비하고 있다.

이 법안 발의를 주도적으로 이끈 마시 캡터 민주당 하원의원(오하이오)은 "위험에 처한 국가를 도와야 한다"며 "초당적 지지를 받고 있어 올해 안에 통과될 것으로 보인다"고 말했다.

가성비 좋은 중국산 통신장비가 전 세계로 뻗어나가는 것을 막기 위해 미국 정부는 수년간 각고의 노력을 기울여왔다. 그러나 여러 노력이 모든 동맹국들에 통하지는 않았다. 가령 독일은 여전히 화웨이 장비에 대한 적극적 제재를 망설이고 있다.

WSJ는 "상황이 급해지자 미국 정부는 차관 제공과 교육을 바탕으로 한 '당근'을 제공하기로 계획을 바꿨다"며 "그간 개발도상국 위주로만 이런 지원을 해왔지만, 이제는 유럽으로 그 반경을 넓히기로 한 것"이라고 분석했다. 이미 지난해 이 지역 12개국 에너지 프로젝트와 기타 인프라를 지원하는 데 3억 달러(약 3352억 5000만 원)를 투자한다고 밝히기도 했다.

그러나 중국의 반격도 만만치 않을 것으로 보인다.

중국은 미국 중심으로 나온 B3W에 대해 "실효성이 없다"며 강하게 비판하고 있다. 중부 · 동부 유럽에선 세르비아 등 대표적인 '친 중국' 국가를 중심으로 일대일로 프로젝트를 통한 지원을 밀어붙이고도 있다. 이 지역에서 미국과 중국의 살바싸움은 앞으로 더욱 치열해질 것으로 보인다(출처: 중앙일보 2021년 6월 17일).

(3) 중국 등의 국가 주도의 해킹

이제는 테러단체 뿐만 아니라 국가들이 주도하는 해킹조직까지 가세하여 다른 국가의 기술과 군사정보 뿐 만 아니라 심한 경우에는 선거까지 개입하여 국가제도를 뿌리까지 흔들어 버리기 위한 해킹까지 하는 경우가 나타나고 있다. 특히 미국의 2016년의 대통령선거와 다른 국가들의 정치적 행위에 대한 해킹이 끊임없이 진행되고 있으며, 최근에는 강대국들의 경제적 국제정치적 긴장관계가 고조되고 있는 가운데 일부 악명 높은 독재국가들을 중심으로 민주체제를 흔들려는 시도가 계속되고 있다. 이에 관련하여 다양한 이유로 해킹을 지속적으로 시도하는 몇 개의 국가를 거론하자면 러시아, 중국, 북한, 이란 등이다.

제4장 미국의 근시안적 시각과 중국의 WTO 가입

1976년 9월9일 중국의 독재자 모택동(마오쩌퉁)이 사망하고 1966년5월부터 1976년 12월까지 2,000만명에 이르는 중국인들을 학살시킨 모택동의 문화혁명, 학교 폐쇄, 강제 재교육, 사상의 자유 억압, 각종 인권침해, 자본주의 사상 말살, 자산가 처형 등이 끝나자 새롭게 집권한 등소평은 1979년에 흑묘백묘론을 앞세우며 중국 국민들을 빈곤에서 해방, 탈출시키고자 우선 미국의 닉슨과 손을 잡고 미. 중 국교를 수교하였다.

세계은행(World Bank)의 조사에 따르면, 1971년 이후 지난 40년 동안 중국의 소득이 25 배 성장하였으며, 8억명 이상의 중국인이 빈곤층에서 탈출하였는데 이 인구는 세계빈곤층의 70% 이상이 빈곤을 탈출하였다는 것을 의미한 것이다. 즉, 세계에서 가장 많은 인구가 영양실조와 굶주림에 시달렸던 중국이 약40년만에 세계2위의 강대국이 되었으며 미국의 강력한 경쟁국가가 된 것이다. (Superpower Showdown Published with HarperCollins Publishers 2020 by Bob Davis and Lingling Wei, 42 page)

다른 측면에서 보면, 등소평의 개방정책을 계기로 하여 1978년에 비하면 중국의 WTO 가입 전인 2001년의 수출규모는 27배로 급성장하였으며 그 금액은 US$2,660에 달하게 되었다(Superpower Showdown Published with HarperCollins Publishers 2020 by Bob Davis and Lingling Wei, 45 page).

미국은 과거 USSR에 대한 경제적 외교적 정책과 반대로 중국인구의 빈곤 탈출과 경제발전을 통하여 중국인들의 정치적 자유와 정치체제의 변화를 유도할 수 있다고 판단하였으나, 인간의 끝없는 탐욕과 독재정권의 속성을 간과한 것이다, 물론 미국의 단기적인 경제적 이익과 중국을 위하여 활동한 미국의 Lobbyist들의 영향도 복합적으로 작용하였지만.

즉, IMF의 추정에 따르면 독재국가인 중국은 2001~2008년까지의 세계경제 성장율에 23.9%를 기여하였으며, 2010년에는 그 비중이 31.9%까지 31.9%까지 상승하였다. 그러나, 인권은 오히려 후퇴된 것으로 파악됨으로써 미국의 입장은 중국에 대한 우려섞인 희망에서 분노와 후회로 변화된 것이다(상기의 저서 96 page 참고).

결국, 홍콩사태, 신장의 위구르소수민족 집단감금사태, 남중국해의 인공섬 군사기지화, 대만과의 군사적 긴장상태 등으로 인하여 미. 중 사이의 갈등이 단순한 경제적 갈등을 넘어선 갈등으로 확대되고 있으며 이 상황이 마무리되기 위해서는 앞으로 갈 길이 먼 것으로 보인다.

이미 자세히 기술한 바 있지만, 중국이 제4차 산업을 이용한 인권침해사례의 또 다른 예를 간단하게 언급하자면 중국의 컴퓨터과학자인 Fang Binxing은 기술을 개발하여 해외에서 중국으로 보내는 Messages를 중국정부가 먼저 확인하여 차단할 수 있으며 국내에서의 사적인 대화를 감시할 수 있도록 도와주었다. 이러한 이유로 그는 일반 중국인들로부터 많은 비난을 받고 있다(상기의 저서 95page 참고).

따라서, 결과론적 판단으로 보일 수도 있지만, 2001년 미국이 중국의 WTO가입을 위한 중국과의 계약을 체결하기 전에 국제수준에 맞는 각종 경제관련 법체제와 제도를 정비하도록 하였으면 지금과 같은 신냉전 체제가 아예 발생하지 않았을 수도 있었을 것이다. 물론, WTO에 가입하면서 향후에 부족한 부분을 보완하겠다는 약속을 전혀 지키지 않은 중국이 훨씬 큰 문제인 것은 당연이며 이러한 근본적인 이유는 중국의 도덕과 법치주의 수준, 일당독재 정권, 지나친 중화주의 사상에 의한 자국 중심적인 사고 등의 다양한 이유가 복합적으로 작용한 것이다.

WTO가입 이후의 중국의 대미수출

중국이 WTO에 가입한 2001년 8월 이후 미국의 무역적자는 매년 기록적인 추세로 증가했다. 즉, 2000년에는 중국의 대미무역흑자가 833억US$였는데 2005년에는 2,025US$로 급증하였고 2010년에는 2,730억US$에 이르렀다. 2010년의 미국의 누역적자 가운데 42.3%가 대중무역적자로 발생한 것이다. 이와 같은 가파른 대중무역적자 상승추세는 미국경제의 안정성에 대한 의구심을 낳음으로써 세계통화로서의 US$에 대한 불안감을 증대시키고 있으며 결국 세계경제의 불안요소를 가중시키는 방향으로 작용하고 있다. 즉, 최근 미국의 급격한 대중무역적자 확대는 중국의 대미수출과 맞물려 있는 것이다. 그 증가추세의 요인으로는 중국의 WTO가입 이후 중국 제조업의 세계시장에서의 경쟁력이 증가한 반면, 미국 제조업의 경쟁력은 하락하고 있다는 점과 중국정부가 외환시장 개입을 통하여 중국의 위엔화를 의도적으로 평가절하함으로써 중국 상품의 수출경쟁력을 유지하고 있다는 점 등이 주로 주목된다.

흥미로운 점은 중국의 대미무역흑자가 급증한 반면, 일본, 한국, 대만, 싱가폴 등은 유사한 추세로 대미무역흑자가 감소하고 있다는 것이다.

이것은 중국이 세계공장의 지위로서 다른 국가들의 생산기지 역할도 급속히 흡수하고 있는 것을 보여주는 것이라 할 수 있다(한국사회 제13집 1호(2012년)WTO가입이후 중국의 대미수출과 아시아생산네트워크의 재편, 이항영, 이준구 저).

한편, 2017년 미국의 대중무역적자는 3,752억US$로 전체무역적자의 66.3%에 달했으며, 2019년 무역적자는 6년만에 전년대비 1.7% 감소하였는데 대중무역적자는 3,456억US$로 전년대비 17.6% 감소하였다(SBS 2020년 2월 6일 뉴스 참고).

특히, 2001년 이후 아시아의 선발공업국들의 대중국투자가 급격히 진행되었고, 이를 통해 전자통신산업과 같은 첨단산업의 아시아 생산네트워크가 본격적으로 구축되기 시작하였다. 자국의 전자통신 산업의 조립생산을 중국으로 이전함으로써 최종 생산물자가 2001년 이후 점차적으로 중국에서 수출되기 시작하였다. 이로 인하여, 아시아의 다른 선발공업국가들의 대미수출은 정체 내지 축소로 나타나고 있다.

글로벌가치사슬이론(Global Value Chain Theory)에 따르면, 중국은 이러한 과정을 통하여 WTO가입의 혜택을 보면서 세계의 공장으로서의 핵심적인 역할을 하면서 급성장하게 된 것이다(한국사회 제13집 1호(2012년)WTO가입이후 중국의 대미수출과 아시아생산네트워크의 재편, 이항영, 이준구 저 참고).

그런데, 중국의 시진핑 주석이 2018년 8월 공개적으로 천명한 것처럼, “우리는 결코 서구사회의 삼권분립과 사법부의 독립이라는 헌법체계를 수용하지 않을 것이다.” (Superpower Showdown Published by HarperCollins Publishers 2020 by Bob Davis and Lingling Wei, 325 page)고 하면서 일당독재국가체제 유지를 확고하게 다짐하고 있기 때문에 미국을 중심으로 한 중국인들과의 자유세계의 가치 공유, 즉 경제번영을 통한 중국인의 자유와 평등의 가치 향유는 환상에 지나지 않음을 알 수 있다. 오히려, 경제와 기술의 발전을 통한 독재국가의 경제력 강화와 국민에 대한 통제력 강화만 키우는 결과를 가져온 것이다. 이제는 이에 더 나아가서 그 야욕이 세계 각국으로 확대되고 있는 양상이다.

최근 미국의 Joe Biden 대통령이 자유 세계국가와 공동으로 독재국가인 중국을 배제한 글로벌 공급망을 재편성하겠다고 한 중요한 이유 중의 하나는 상기와 같다.

사실, 중국이 세계 제2위 경제대국으로 성장한 이유 중의 하나는 중국이 2001년 WTO를 가입할 때 여러가지 측면에서 요건이 부족함에도 불구하고, 미국이 자국의 근시안적 이익과 중국 lobbyists의 영향을 받아 중국의 WTO가입을 동의함에 따라 중국이 WTO로 부터 매년 심사를 받는 PNTR(Permanent Normal Trading Relations)자격을 얻어 세계의 공장으로 자리 매김을 하며 이례적으로 빠른 성장을 하여 세계 제2위의 경제대국을 차지하였는데, 결과적으로 독재국가인 중국이 경제적, 정치적으로 미국을 뒤로 하고 세계를 지배하여 세계를 독재국가의 지배하에 품으려는 야욕을 적나라하게 드러냄에 따라 전 세계가 중국risk를 부담하게 된 것이다(상기의 저서 93, 96 page 참고).

특히, 2008년 미국의 금융위기가 발생함에 따라 이 시기를 이용한 중국의 정치적, 경제적인 영향력이 국제적으로 확대되었으며 중국의 독재 권력이 강화되었고 그 대표적인 예가 시진핑의 주도 하에 해상과 육상에서 펼쳐지고 있는 일대일로 사업이다.

2001년과 2011년 사이의 중국의 경제성장을 좀 더 자세히 보면, 경제 규모는 4배 이상 성장하였으며, 무역규모는 7배 이상, 중국에 대한 해외직접투자는 2배 이상 성장하였고, 수백만개의 직업이 창출됨과 함께 시장과 국가주도의 발전을 조화하면서 세계의 공장으로서의 지위를 더욱 강화하였다. 한편 총부채의 규모는 2008년 GDP대비 132%, 2013

년에는 GDP대비 205%, 2018년에는 GDP대비 244%로 확대되었다(상기의 저서 105, 111page 참고).

반면 미국과 유럽 등의 선진기술을 탈취하거나, 중국기업으로의 기술이전을 압박함으로써 이것을 이용하여 중국의 빠른 성장의 한 축을 형성하였다(상기의 저서 120~122 page 참고).

이와 같은 중국의 빠른 성장에 반하여, 같은 기간 동안 미국의 취업율 감소는 크게 증가하였는데, 가구와 세탁기 등의 가정용 전자기기 생산에 근무하는 근로자의 감소는 42%에 달하였으며, 의류 분야의 취업율은 75%까지 감소하였다. 물론, 운송업, 도소매업, 판매업 분야는 새로운 직업을 꾸준히 창출하였다(상기의 저서 116 page). 이는 과학의 발전, 제4차 산업의 확대, 정부와 개인의 산업 변화에 대한 적응력 부족, 세계적인 인구의 노령화 현상 등이 한 몫 한 것도 사실이다. 이와 함께 제품가격의 인하 또는 가격의 안정화가 소비자의 혜택으로 돌아간다는 것도 간과해서는 안 될 중요한 결과이다.

그러나, 중국은 이제 자유 진영의 대표 국가들인 미국, 영국, 프랑스, 독일 등에 불신을 일으킴으로써 차츰 내리막길을 걷게 될 것으로 보인다. 이것을 단적으로 나타내는 조사가 있는데 2008년에 실시한 중국에 진출한 미국기업에 대한 설문조사에서는 응답자의 64%가 중국에서의 기업에 대한 미래를 낙관적으로 평가하였지만, 2014년에는 그 절반으로 감소한 것이다. 물론, 아직도 상당한 기업들이 중국정부의 압박을 의식하여 중국에 대한 부정적인 언급을 자제하고 있다(상기의 저서 122 page 참고).

중국에 대한 이러한 부정적인 감정이 미국 대통령선거에서 현실적으로 나타난 투표성향을 조사한 자료에 따르면, 중국제품 수입이 1% 증가한 지역에서의 Bush 대통령과 비교하여 Trump 대통령의 지지율이

2% 상승한 것으로 나타난 것이다(상기의 저서 134 page 참고). 즉, 중국제품에 대한 미국의 수입이 꾸준히 증가함에 따라 블루칼라(Blue Collar) 노동자들의 중국에 대한 반감이 Trump 대통령 당선에 상당한 영향을 끼친 것으로 분석된다.

중국의 WTO가입으로 인한 세계경제의 파급효과

(1) WTO에서의 중국: 활동과 평가

(가) 중국의 가입조건 이행

중국은 WTO 가입이 어떻게 국내 시장경제적 개혁조치와 병행할 수 있는지를 보여주는 교과서적인 사례에 해당한다는 시각에도 불구하고, 기존 회원국들이 중국의 WTO 가입 조건(약속) 이행에 대해 내리는 평가는 양면적이다.

- 중국의 가입은 현재까지 WTO의 가장 큰 성공이고, 우루과이 라운드(Uruguay Round) 이후 세계통상시스템의 가장 중요한 이정표라는 평가가 있는가 하면,

- 중국은 도하개발 아젠다(DDA: Doha Development Agenda) 협상 진전에도 비협조적이며, 가입 약속 이행이 불충분하다는 상반된 평가도 받고 있다.

중국 측은 “2001년 WTO 가입 당시 유례없는 가혹한 가입조건을 강요받았으며, 이로 인해 당시 협상을 주도한 중국 상무부는 국내적으로 심하게 비판받았음에도 불구하고 가입의무를 충실히 이행하였다”고 주장했다(SUN Zhenyu 전 주제네바 중국대사).

- 중국 입장에서 가입의무의 이행과 관련하여 가장 어려웠던 무역 관련 법령 개정에 있어서도 국무원 산하에 특별기구를 설립하여 중앙정부의 2,000여 법령을 검토하고 WTO 규범과 일치하지 않은 500여 법령

을 폐지하였으며, 지방정부의 90,000여 법령과 규제를 검토함으로써 제도적 측면에서 WTO 규정과 원칙에 상당히 근접했다는 것이다.

2006년 4월에 개최된 중국에 대한 제1차 무역정책 검토(Trade Policy 4)에서 중국은 WTO 협정에 규정된 무역정책검토제도(Trade Policy Review Mechanism)에 따라 2년마다 무역정책 및 관행에 대한 회원국들의 검토를 받고 있다. 중국은 WTO 가입이 어떻게 국내 시장의 경제적 개혁조치와 병행할 수 있는지를 보여주는 교과서적인 사례에 해당한다는 시각에도 불구하고, 기존 회원국들이 중국의 WTO 가입 조건 이행에 관해 내리는 평가는 양면적이며 외교안보연구원 Review 회의에서 회원국들은 중국의 가입 양허안에 이행 노력을 비교적 긍정적으로 평가했다.

주요 개방조건 이행 내용을 보면,

◇평균 관세율 인하: 1990년대 초 43.2% → 2001년 15.3% → 2010년 9.8% ◇서비스시장 개방: 통신, 금융, 보험, 건축, 유통, 교육 등 100여개 분야 〈 중국 측에 특별히 불리한 것으로 평가된 조건 〉 ◇15년간의 반덤핑과 상계관세 조치 적용 시 정상가격 확정의 특수 기준 ◇12년간의 대중국 특정상품 특별세이프가드 (2013.12.10 종료) ◇8년간의 대중국 방직품 특별세이프가드 (2008.12.31 종료) ◇10년간의 과도기 심사체제 (실효)이다.

WTO 회원국들은 아직 중국이 법집행에 있어서 투명성과 일관성이 부족하고 기술적인 무역장벽(TBT: Technical Barriers to Trade; SPS: Sanitary and Phytosanitary Measures)도 상당히 존재하며, 지적 재산권(Intellectual Property Right)과 관련하여 중국 내 위반 행위가 만연하고 있는것에 대해 우려를 표명하고 중국정부의 적극적인 법 집행을 촉구하고 있다.

WTO 회원국들이 지속적으로 제기하고 있는 또 다른 문제들은 중국측의 반덤핑 조사 증가와 불투명한 조사절차, 중국 정부의 산업 개입정책에 의한 내국민대우(National Treatment) 원칙 위배, 수출 관련 업체와 수입대체 산업에 대한 금지된 보조금 지급, 금융·보험· 통신 등 일부 서비스 분야의 더딘 자유화 일정 등이다.

DDA 협상에서 중국은 DDA 협상은 출범 후 10년간 3차례의 공식 각료회의, 6차례의 협상시한 도과, 1차례의 협상 중단 등을 겪으며 교착과 재개를 거듭해 왔는데, 유독 DDA 협상이 장기간 교착되는 이유는 WTO 회원국들은 아직 중국이 법집행에 있어서 투명성과 일관성이 부족하고 기술적인 무역장벽도 상당히 존재하며, 지적 재산권과 관련하여 중국내 위반행위가 만연하고 있는 데 대해 우려를 표명하고 중국 정부의 적극적인 법집행을 촉구하고 있어 주요 국제문제 분석에 따라 시대에 뒤떨어진 구조와 협상역학(outdated structure and negotiating dynamic) 때문으로서 미국과 신흥 개도국(중국, 인도, 브라질) 간의 갈등 구도가 그 핵심이다.

파이낸셜 타임즈(2011.8)는 “이제는 DDA 협상이 완전히 죽었다는 것을 공식 선언하고, 사무총장도 바꾸고 각료회의도 취소하고 그 대신 현안 회의를 열자”는 과격한 제안을 할 정도로 DDA가 부진한 모습을 보이고 있다.

2001년 중국의 WTO 가입과 DDA 협상 출범 후 10년의 세월이 흐르면서 세계의 정치·경제지형이 크게 변화하고 있고, 이러한 변화의 중심에 있는 중국, 브라질, 인도 등 거대 신흥개도국의 부상이 필연적으로 기존의 세계경제 구조와 질서의 변화를 초래 하고 있어 DDA 협상 구도에도 큰 영향을 미치고 있다.

2001년 DDA 협상 출범 당시 중국은 막 WTO에 가입하여 협상의 주역이 아니었다. 2003년 칸쿤 협상시 본격적으로 협상에 참여 하였으나, 당시만 해도 농산물 수출보조금 등에 있어서 미국과 EU 간의 입장차가 협상의 장애물로서 두드러졌다.

2008년부터 중국이 DDA 협상의 중심국가가 되어 G5(미국, EU, 중국, 인도, 브라질)를 구성하고 있는 바, 우루과이라운드 당시의 Quad (미국, EU, 일본, 캐나다)와는 달리 현재 DDA 협상의 주역인 G5/G7/G11은 발전단계가 모두 달라 의견 조정이 더욱 어려워지고 있다. 중국에 일방적인 책임을 지우기는 어려우나 DDA의 실패와 WTO의 영향력 쇠퇴는 중국과 인도의 비협조가 가장 결정적인 요인이라는 것이 많은 회원국들의 시각이다.

- 현재 벌어지고 있는 공방은 DDA 진도 부진에 대한 선진국개도국 그룹간의 상반된 평가와 개도국 그룹내 갈등을 그대로 보여주고 있다.

- 중국은 세계 제2위의 경제대국으로 자부하면서도 "중국은 많은 문제를 안고 있는 개도국"(후진타오 주석)이라는 점을 강조하고 있으며, 지재권, 환경 등 책임 분담이 필요한 WTO 논의 및 글로벌 이슈에서는 '보호받아야 할 개도국'이라는 방패에 몸을 숨기는 이중성을 표출하고 있는 것이다.

Susan Schwab 前 미국 무역협상대표(URTR). Foreign Affairs (2011.6월) 기고에 따르면, 중국에 일방적인 책임을 지우기는 어려우나 DDA의 실패와 WTO의 영향력 쇠퇴는 중국과 인도의 비협조가 가장 결정적인 요인이라는 것이 많은 회원국들의 시각이며, 외교안보연구원은 "세계화와 국제 경제의 팽창의 결과 신흥부상국 -특히 중국, 인도, 브라질-들의 경제 성장에 고취된 신민족주의 분출은 정보혁명 덕분에 더욱 확대 재생산되어 배포되고, 목소리 큰 행위자들의 증가는 곧 주요 국제문제에 있어서 갈수록 합의가 어려워짐을 의미하는 바, 이러한 구조적 결함에 대한 진단은 현재 WTO 체제 거버넌스의 문제점으로도 나타나고 있다"는 것이다. 10년 후인 2021년에도 다자통상시스템이 원활하게 작동할 확률은 20% 이하인 반면, WTO가 무력화되고 무역장벽이 증가한 가운데 국제 무역이 지역블록 또는 양자 간 무역협정에 의존하는 형태로 후퇴할 가능성은 50%, 심각한 통상 분쟁이 계속되는 가운데 그간의 세계화가 후퇴하는 최악의 시나리오가 발생할 가능성은 약 30%로 평가되고 있다(Jean-Pierre Lehman IMD 에비앙 그룹 수석 연구원).

선진국 그룹의 입장을 보면,

미국은 신흥 개도국에 대해 비농산물(화학, 전기 · 전자, 산업용 기계, 의료기기 등의 분야별 자유화), 서비스 등에서 2008년 잠정타협안에 비해 더 높은 수준의 추가적인 시장접근을 요구하고 있다. 즉, 주요 회원국 입장에서 볼 때 중국은 현재 세계 제2위의 경제 대국이며, 양자 협상에서 시장개방을 할 용의가 있는 국가들도 중국의 수출경쟁력을 두려워하여 중국이 포함된 다자협상에서는 추가적인 시장개방을 꺼려하고 있다. 현재 DDA 협상에서 해결해야 할 문제의 핵심은 어떻게 신흥개도국을 다루어야 하는가 하는 것이며, IMF 등 다른 국제기구들도 이러한 도전에 부심 하고 있다. (Michael Punke 주제네바 미국 대사)
한편, 브루킹스연구소의 폴 블루스타인(Paul Blustein)은 중국이 DDA 협상 자체의 장애물이 아니었더라도 중국의 수출경쟁력이 주요국의 입장을 위축시켜 DDA 협상에 부정적인 영향을 주었을 가능성이 있다고 평가한다.

이상현. 2011. "중국의 부상과 미국의 대응". 국가전략 , 제17권 1호 봄호 (통권 제55호)에 따르면, 주요 회원국은 중국이 DDA 협상 자체의 장애물이 아니었더라도 중국의 수출경쟁력이 주요국의 입장을 위축시켜 DDA 협상에 부정적인 영향을 주었을 가능성은 있으며, 이러한 태도가 결과적으로 DDA의 진전을 가로막고 있는 것으로 평가하고 있다.

주요 국제문제분석에서 개도국 그룹의 입장을 보면, 가입과정에서 높은 수준의 시장개방을 요구받았던 중국은 미국의 추가 시장 개방 요구를 거부하고 있고, 인도・브라질을 비롯한 개도국들도 DDA가 기본적으로 '개발' 라운드라는 점을 강조하면서 미국이 자국 관심분야에 대해서만 선별적으로 협상 목표 수준을 상향 조정하려는 것은 수용할 수 없다는 입장이다.

중국은 제2위의 경제대국이지만 식량안보 등 개도국이 겪는 많은 문제점을 안고 있으며, DDA 협상에서 최저개발국가(LDC: Least Developed Country)와 개도국 입장을 강화하는 데 큰 기여를 하고 있는 것으로 평가하지만(Jayant Dasgupta 주제 네바 인도대사), 분야에 따라서는 개도국 그룹 내에서도 막강한 중국의 수출 경쟁력에 기인한 갈등이 빚어지고 있다. 예를 들어 아모림(Amorim) 브라질 외무장관은 비농산물시장접근(NAMA) 협상에서 미국・ EU에 대해 브라질은 중국으로부터의 수출급증과 이에 따른 산업피해("deindustrialization")에 대비할 수 있는 정책적 자유가 필요하다("need to keep policy space dealing with China")고 언급했다. 기타 WTO의 전통적인 컨센서스(consensus) 의사결정방식과 일괄 타결방식(Single undertaking), 그리고 FTA 등 양자 간 무역협정을 통해 수준 높고 간편하게 무역자유화를 추구할 수 있다는 점이 DDA 타결을 저해하는 요인이 되고 있는 것으로 분석된다.

정부조달협정(GPA: Government Procurement Agreement) 확대와 관련, 급성장하고 있는 중국 정부조달시장 개방에 대한 주요국들의

WTO 의사결정방식으로 전체 회원국 중 단 1개국의 명시적인 반대가 있어도 합의 도출이 불가능하다. WTO 설립협정상 투표에 의한 결정방식도 규정되어 있으나, 실제로 투표를 실시한 예는 거의 없다(예외: 1995년 에콰도르의 WTO 가입 시 2/3 찬성).

일괄타결의 원칙(Single Undertaking)이란 "모든 것이 합의되기 전에는 아무 것도 합의된 것이 없다(Nothing is agreed until everything is agreed)"로 설명되며, 합의된 협상패키지(농업, 비농산물시장접근(NAMA), 서비스, 규범, 지적재산권, 무역원활화, 환경, 개발)중 일부만을 취사선택할 수 없고 전체를 수용해야 한다. 중국은 제2위의 경제대국이지만 식량안보 등 개도국이 겪는 많은 문제점을 안고 있으며, DDA 협상에서 최저개발국가와 개도국 입장을 강화하는 데 큰 기여를 하고 있는 것으로 평가됨과 동시에, 분야에 따라서는 개도국 그룹 내에서도 막강한 중국의 수출경쟁력에 기인한 갈등이 빚어지고 있다.

외교안보연구원의 연구에 의하면, 압력과 중국 기업들의 국제조달시장 참여 확대의 필요성에 부응하기 위해 중국정부는 정부조달협정에 가입하기로 하고, 2007.12.28 가입신청서 및 1차 양허안을 WTO에 제출하면서 가입협상을 개시하였다. 2011.1월 미-중 정상회의에서 후진타오 주석은 외국 기업에 대한 차별을 폐지하고 정부조달시장에 대한 참여를 제한하지 않겠다고 강조했다. 현재는 외국기업의 정부조달시장 참여를 직간접적으로 제한하고 있어 조달관련 부정부패 및 꽌시 활용 조장, 내부 감독 관리 체계의 문제를 조장하고 있다. 2010년 중국의 정부조달시장 규모는 약 4,800억 불로 세계최대 정부조달시장인 미국(5,600억 불) 다음 가는 규모로 추정된다.

WTO 분쟁해결절차와 중국에 대해 알아보면,

중국은 WTO 가입 후 빠른 기간 내에 분쟁해결절차 관련 수동적인 규범수용자(passive rule-taker)에서 능동적인 규범제정자(active rule-maker)로 변신하는 데 어느 정도 성공하였으나, 그 과정에서 경제운용의 자율성을 확대하기 위하여 가입 당시 약속(commitments) 에서 벗어나려고 하는 한편, 외국의 수입규제조치에는 저항하는 경향을 보이고 있다. 예를 들면, 2001년 WTO 가입 초기에는 소송을 꺼려하는 유교 문화의 전통과 GATT 경험의 부재로 인해 분쟁해결절차 참여가 적었으나, 가입 이후의 모든 분쟁(69건)에 제3자로 참여하면서 경험을 축적한 뒤에는 적극적으로 미국, EU 등 선진국을 대상으로 분쟁해결절차를 활용하고 있다. WTO 가입부터 2005년까지 총 93건의 WTO 분쟁 중 중국이 당사국이 된 분쟁은 불과 2건이었으나 2005~2010년간은 총 84건 중 26건을 차지했다. 중국은 세계 최다 무역구제 피제소국이 되었으며, 처음에는 미국, EU 등의 제소가 많았으나 최근에는 인도, 아르헨티나 등 개도국의 제소가 증가했다. 주요 분쟁 이슈는 수출업자에 대한 세금감면, 정부기관의 외국산 물품 구매 금지, 수입 자동차부품에 대한 준조세, 느슨한 지재권 단속 등임. WTO 가입 후 중국은 빠른 기간 내에 분쟁해결절차 관련 규범수용자에서 규범제정자로 변신하는데 어느 정도 성공하였으나, 그 과정에서 경제운용의 자율성을 확대하기 위하여 가입 당시의 약속에서 벗어나려고 하는 한편 외국의 수입규제조치에는 저항하는 경향을 보이고 있다.

주요 국제문제분석에 의하면,

미-중 간 무역 불균형이 확대(미국의 대중국 수입-수출 비율은 4.5:1)됨에 따라 양국 간 무역분쟁이 증가하면서 중국의 WTO 분쟁해결절차 제소상대국은 미국에 편중되는 경향이 있다. 2006~2009년간 미국의

WTO 제소의 절반 이상(11건 중 6건)이 중국을 대상으로 하고 있고, 중국은 미국과 EU에 대해서만 제소했다. 중국의 WTO 가입 직전인 1999년부터 2000년에 걸쳐 진행된 한 -중 마늘 세이프가드분쟁에서 중국은 동 분쟁을 WTO가 금하는 일방적 보복조치를 활용할 수 있는 마지막 기회로 최대한 활용 하였는바, 우리에게 동 분쟁은 중국이 WTO 체제에 들어와 동 절차에 따라 분쟁을 해결하는 것이 얼마나 중요한지를 절감한 사례가 되었다. 중국은 다자통상제체제의 수혜자로서 보다 책임있는 자세를 요구 받고 있으며, 기술국산화를 위한 보조금 지급과 일본과의 영토 분쟁을 이유로 한 희토류 수출중단 조치 등은 주변국들의 우려를 불러일으킨 바 있다.

중국 WTO 가입의 세계 경제에 대한 영향

(가) 중국경제의 변화

중국은 WTO 가입 후 연평균 10%대의 경제성장률을 기록하여 2001년 GDP 세계 6위에서 2010년 세계 2위 경제대국으로 도약하였다.

- 특히, 2008년말 글로벌 금융위기에도 불구하고 2008년 9.6%, 2009년 9.2%의 높은 성장률을 기록, 세계 경기회복의 버팀목 역할을 수행하였다.

- 세계 전체 수출액 중 중국의 비중은 2001년 4.3% 수준이었으나 2010년 10.6%로 증가하면서 세계 최대의 수출국으로 부상하였고, 세계 전체 교역에서 중국이 차지하는 비중도 2001년 4.2%에서 2010년 9.8%로 증가했다. 한 브루킹스 보고서는 WTO 가입에 따라 장기적으로 중국의 GDP 성장률이 2.5% 추가되는 효과가 있으며, FDI 유입으로 인한 기술확산 효과까지 감안하면 GDP 25% 추가성장 효과가 있는 것으로 추정한다.

중국 WTO 가입 10년의 변화상을 보면, 다음과 같습니다.

(a) (US$) 2001 2010 GDP 1조 5000억à 5조

(b) 1인당 GDP 800à 4,400.

(c) 무역총액 5,096 2조 9,727억 (세계 2위) - 수출 2,660 1조 5,777억 (세계 1위) - 수입 2,440 1조 3,950억 (세계 2위)

(d) 가공무역 2,415 1조 1,578억 외국인직접투자 469억 1147억 해외투자 69억 688억

(e) 평균 관세 15.3% 9.8%

이상의 자료는 WTO 웹사이트, 중국정부 자료, 언론통계 종합(2011.11.30자 중앙일보 등 자료 참고).

중국의 외환보유고는 2001년 2,122억 불에서 2011.9월 3조 2,017억 불로 증가 하면서 세계 최대 외환보유국의 지위를 유지하고 있다. 개혁·개방 이후 중국에서는 일당독재 국가라는 사실 외의 모든 것이 역사적 변화를 겪었으며, 그 중 가장 의미 있는 변화는 중국의 성장공식이 된 사회주의 시장경제체제의 도입이다. 즉, 풍부한 저임금 노동력을 배경으로 대량의 외국인투자를 유치하여 임가공 방식의 수출주도형 산업에 특화하는 전형적인 대외의존형 경제로의 변화다. 중국은 WTO 가입 이전에도 주요 교역상대국으로부터 사실상 최혜국대우를 받아왔으며, 1992년부터 이미 5차례에 걸쳐 관세를 인하하면서 점진적으로 개방 폭을 확대하고 관세감면제도도 운용 해왔기 때문에 중국경제가 WTO 가입 그 자체로 급격한 변화를 보인 것은 아니었으나, WTO 가입을 통하여 개방 기조가 본격화 되고 각종 개혁정책도 탄력을 받게 되었다(Warwick J. McKibbin and Wing Thye Woo. “The Consequences of China’s WTO Accession on its Neighbors” Brookings Discussion Papers in International Economics. February 14, 2003 참고).

여기서 주요 국제문제분석을 참고하면,

WTO 가입을 전후하여 중국경제는 단순히 수출액만 증가한 것이 아니라 수출품목도 80~90년대 초기의 경공업제품에서 2000년대 중반에는 전자제품, 통신장비, 사무용기기, 가전제품 등 지식집약적 고가품목으로 빠르게 다양해졌다. 중국의 대미수출품 중 노동집약적 상품이 차지하는 비율은 2000년 37%에서 2010년 14%로 급감했다. 한편, 중국은 WTO 가입을 통한 개방이 경제사회 발전에 긍정적 결과를 가져왔다고 평가하고, 향후 개방 확대를 통한 중국경제의 질적 성장에 초점을 맞추고 새로운 개방전략을 구상중이다.

(나) 세계경제에 대한 영향

중국의 WTO 가입과 이에 동반하는 고속성장은 다자무역체제의 발전과 세계경제의 안정 및 성장에 긍정적인 기여를 하였고, 2008년말 글로벌 금융위기와 현재 진행되고 있는 미국의 경기침체, 유로존의 재정위기를 극복하는 버팀목 역할을 하고 것으로 평가된다. 다만, 미흡한 지재권 보호, 폐쇄적인 국영기업 운영방식, 위안화의 인위적인 저평가, 에너지 및 자원 확보를 위한 분별없는 해외진출 등에 대한 국제사회의 비판은 세계경제에 불균형과 긴장요인을 조성하고 있어 국제적 위상변화에 걸맞은 책임과 역할 분담이 요구되는 상황인 것이다.

많은 개도국들이 WTO 가입에 따라 특히 개도국 시장에 대한 접근성이 강화된 중국기업들의 밀어내기식 공산품 수출로 자국 제조업이 큰 위협을 받고 있다는 점을 불평하고 있다. 중국정부는 유럽 경제위기 등으로 2012년에도 수출이 어려워질 것으로 예측하면서 이를 타개하기 위해 신흥국으로의 수출확대에 주력할 계획임을 천명(상무부의 WTO 10주년 기념 무역백서 발표시)하고 있어 마찰이 계속될 것으로 전망되었다.

동아시아 국가들의 경우 중국의 WTO 가입으로 일본과 한국, 타이완, 홍콩, 싱가포르 등 신흥산업국(NIE: New Industrial Economy)들은 대체로 GDP 증가, 교역조건 개선 등의 효과를 거두었으나, 인도네시아, 베트남, 말레이시아, 필리핀, 태국 등 개도국들은 경미하나마 부정적인 영향이 큰 것으로 추정된다.

중국의 WTO 가입과 이에 동반하는 고속성장은 다자무역체제의 발전과 세계경제의 안정 및 성장에 긍정적 기여를 하였지만, 세계경제에 불균형과 긴장요인을 조성하고 있어 국제적 위상변화에 걸맞은 책임과 역할 분담이 요구되는 상황으로 변화되었다. 외교안보연구원의 발표에 따르면 중국식 대외의존형 경제모델의 부정적 결과중 하나는 과도한 국제 수지 흑자 축적인데, 문제는 이 방식이 세계 곳곳에서 불균형을 빚어내면서 파열음을 일으키고 있다는 것이다. 미중경제 안보 검토 위원회(The US-China Economic and Security Review Commission)는 중국의 불공정 무역정책을 강력하게 비판하면서 의회가 포괄적인 시장개방을 요구할 수 있는 수퍼 301조의 재도입을 검토할 것을 요청하고, 행정부에 대해서는 WTO가 인정하는 모든 조치를 통해 자국기업에 대한 보조금 지급 등 중국의 무역왜곡정책에 대응할 것을 촉구했다(연례보고서 2011.11.16).

또한, 중국의 해외투자에 대해서도 불편한 반응을 보이는 사례가 증가하고 있다. 미국의 경우, 많은 주정부가 중국의 투자를 환영하고 있으나 연방정부와 의회 등은 중국의 투자가 경제적 이익보다는 정치적 동기 때문이라고 생각하여 견제하는 경우가 많이 발생하고 있다. 예를 들면, 중국 민메탈(Minmetal)의 호주-캐나다 합작기업인 에퀴녹스(Equinox)사 동광산 매수 무산과 시노스틸(Sinosteel)의 서호주 지역 철광석 프로젝트 지연 등의 사례가 있다. 개도국 해외직접투자에서도 중국의 투자는 대부분 자원확보형으로 1차 산품에 집중된 결과 자원보유 개도국은 원재료 공급자라는 한정된 역할에 그치고 있어 중국과의 관계가 과거 식민지 아프리카와 유럽 열강과의 관계를 재현하는 것으로 인식하는 경향이 있다(중국의 WTO가입10주년과 세계경제에 대한 영향. 외교통상부 연구보고서. 2012.1.3. 자료 참고).

제5장 미국의 통상법 301조와 중국의 Made in China 2025에 대한 이해를 위하여

미. 중 전쟁의 시작은…

과거 오바마(Obama)정부의 관리였으며 현재는 미국의 투자은행인 UBS에 근무하는 Seth Carpenter는 2018년 9월 14일을 미. 중무역전쟁의 시발점이라고 말하였는데, 그 이유는 이 날짜에 중국에서 미국으로 수출하는 중국산제품에 대하여 미국이 US 22조$의 관세를 부과하자 중국은 이에 대한 보복관세로 중국으로 수출하는 미국산제품에 대하여 US 600억$를 부과한 것이다. 또한, 이러한 중국의 미국제품에 대한 관세부과로 인하여 중국에 진출한 미국기업들이 생산기지를 태국, 말레이시아, 베트남 등의 다른 국가로 이전할 것을 본격적으로 검토하기 시작하였으며 중국에 대한 대폭 감축할 것을 고려하기 시작하였다.

한편, 중국에서 가장 권위있는 연구기관 중의 하나인 발전연구센터(Development Research Center)의 연구자료에 의하면, 이러한 무역전쟁으로 인하여 중국의 성장율이 1.5% 하락할 것으로 예측하였으며, 중국경제가 다양한 측면에서 영향을 받을 것으로 예측하였다.

미국과 중국의 상호 간 관세부과로 인하여 중국의 3사분기 GDP 성장율은 시장의 예상보다 낮은 6.5% 성장률에 그쳤으며 이 성장율은 2008년의 세계 금융위기 이후 가장 낮은 성장률을 기록한 것이다(Superpower Showdown Published by HarperCollins Publishers 2020 by Bob Davis and Lingling Wei 296-299 page 참고).

이로 인하여 산업생산, 소비, 소비자의 양후 경제에 대한 확신도 약화되기 시작하였다.

미. 중 무역전쟁의 확전과 진행 과정

(가) 2018년 9월 14일을 계기로 하여 미국의 주요 무역협상 당사자들은 이번 기회에 중국이 최소한 경제 부분에서라도 구조적 변화를 가져올 수 있는 계기를 만들고자 했는데 Trump 대통령의 예측불허한 즉흥적인 결정으로 인하여 이러한 의도가 무산될 것을 우려하기 시작하였다. 즉, 지적 재산권 보호 강화, 강제적인 기술이전 시도 무력화, WTO규약을 무시하는 중국 정부의 중국기업에 대한 과도한 차별적 정부보조금 지급 폐지 등이 있다.

따라서, 2018년 12월 1일에 개최되는 브라질의 부에노스아이레스(Buenos Aires)회의 10일 전에 미. 중 무역협상에서 미국 측의 협상을 대표하는 Lighthizer는 그의 사무실에서 통상법 302조를 보완하는 안을 발표하였다.

이 보고서에는 "중국정부가 cyber세계를 이용하여 미국에서 개발한 높은 수준의 기업비밀을 탈취하거나 절도하고 있다."고 중국을 강하게 비난하는 내용을 포함하였다. 또한, Trump 대통령이 2018년 11월 28일 정상회담을 하기 위하여 전용기를 탑승하기 전에 "중국이 미국의 자동차제품에 대하여 지나치게 많은 40%의 관세를 부과하고 있으며, 중국정부 소속의 공기업들이 미국기업과 노동자들에게 막대한 손실을 입히고 있다."고 보고했으며 결과적으로 부에노스아이레스 회담은 결론을 내리지 못하고 말았다(상기의 저서 301 Page 참고).

최근 미국의 Biden 대통령이 출범한 후에 처음으로 밀도있는 화상 정상회담을 2021년 11월 16일에 개최하여 ① 대만 문제, ② 남중국해 문제, ③ 제1단계 소규모 미중무역합의에 대한 중국의 부실한 이행 문제, ④ 홍콩, 신장지역의 인권 문제 ⑤ 기후변화 문제, ⑥ 미국과 중국

사이의 대등한 관계문제 등의 다양한 문제를 논의했으나 합의에 이르지 못하고 말았다.

(나) 한편, 2018년 가을에 미국 백악관의 경제자문위원회 위원장인 Kevin Hasset이 Trump 대통령에게 보고한 자료에 의하면, “중국으로부터 수입하는 US2,000억$상당의 물건에 대해 25%의 관세를 부과하면 미국의 경제성장율이 단기적으로 0.5%가 감소된다.”는 내용이었다. 이 보고서는 Trump 대통령을 포함한 관계자들에게 충격을 주었지만, Trump 대통령은 중국과의 협상과정에서 “이 정도는 감내해야 된다.”고 일축하였다. 그러나 2018년 12월에 들어와서도 주식시장 상황이 나아질 기미가 보이지 않자 Trump대통령은 걱정하기 시작했다.

결과적으로 2018년 12월 26일 Dow Jones Index가 1000 point 상승하면서 한시름을 놓았지만, 주식시장이 또 다시 요동을 치자 12월 29일 Trump 대통령은 중국의 시진핑 주석에게 전화를 하여 도움을 요청하기도 하였는데 이 통화에서 실질적인 진전이 전혀 없었으나 Trump 대통령은 “큰 진전을 달성하였다.”고 Tweeter를 이용하여 알렸고 다음날인 월요일에는 주식시장이 265point를 상승하였다(상기의 저서 310-311 page 참고).

(다) 중국의 협상대표인 Liu He는 2019년 10월에 미국에게 40 : 40 : 20 안을 제안했는데 “처음 40%는 지금 즉시 시행할 수 있다.”고 하면서 “중국 금융시장의 추가적인 개방과 지적재산권 보호 강화와 중국 국영기업에 대한 차별적 지원과 보호 및 Cloud시장 완전 개방 등은 추후에 논의하자.”는 진전된 안을 제안하면서 미국의 대통령선거가 다가오는 Trump대통령이 긍정적으로 수용하도록 촉구하였다. 물론, 이에

대한 반대급부로 미국의 중국에 대한 보복관세 취소 또는 축소를 함께 제안하였다(상기의 저서 364-365 page 참고).

(라) 여기서 주목할 것은 중국이 미국의 화웨이(Huawei)에 대한 제재의 해제를 지속적으로 요구한 것인데 이것은 곧 "화웨이는 중국정부가 직접 관리하는 정보관련 핵심회사라는 것을 반증하는 것과 같은 것"이라는 것이다. 한편, 화웨이가 사용하는 핵심부품과 software는 미국에서 통제가 가능한 부품과 software인데 미국의 제재를 강하게 받는 기간 동안 이러한 부품과 software 공급처를 다른 국가로 전환하는 상당한 성과를 달성하여 미국의 의존도를 대폭 낮췄다. 즉, 미국은 화웨이가 파산하기를 바라겠지만, 정부의 소유로 추정되는 화웨이가 시장에서 사라질 가능성은 매우 희박할 것으로 생각된다. 한가지 예로 화웨이가 미국에서 구입하는 부품 등의 물량 변화를 살펴보면, 2018년 제품당 미국제품의 구매량이 700US$에서 110US$로 축소되었다는 것이다. 그러나, 미국의 산업 관련 변호사들의 전언에 따르면, "미국의 기술기업들이 해외에서 화웨이가 필요한 부품이나 software를 관련기업들을 통하여 판매하고 있다"는 것이다. 결과적으로 2019년 화웨이의 전년대비 매출액은 18% 증가한 1,220억US$의 실적을 기록하였다.

2001년에 들어와서는 미국의 Joe Biden 대통령이 유럽 각국과의 중국에 대한 공동작전을 강하게 수행함으로써 화웨이의 스마트폰 시장 완전 철수와 통신장비 시장에 대한 지속적인 철수 등의 부정적인 요인을 가져왔고 과거에 비하여 크게 쇠퇴하고 있다(상기의 저서 374-375 page 참고).

(마) 제1차 Small Deal의 종료

2020년 1월 16일, 중국이 2020년과 2021년에 걸쳐 중국의 미국 농산물수입을 매년 US 400억$씩 이행하고 가능하면 US 500억$까지 확대하는 것을 합의하였으며, 이와 더불어 중국은 중국시장을 진출하려고 하는 미국기업들에게 기업의 의사에 반하여 기술이전을 강요하거나 재무적 압박을 하지 않아야 한다는 조항을 추가하였다. 다만, 미국에서 주장하는 것처럼 후반부에 대한 내용을 중국법에 입법화하자는 것은 합의에 이르지 못하였다.

무역전쟁이 진행되는 과정에서 두 국가 사이의 교역 규모를 간단히 살펴보면, 무역전쟁이 시작되기 전의 2년간의 거래량 증가율이 3% 성장한 것에 비하여 2017년 9월부터 2019년 9월까지의 거래량은 8%정도 하락한 것으로 나타났다. 이것은 다른 이유도 있겠지만 대부분은 양 국가 사이의 무역분쟁으로 인하여 거래량이 위축된 것으로 보인다. 즉, 무역분쟁이 양 국가의 경제에 부정적인 영향을 미쳤다는 것을 의미하는 것이다.

또한, 양 국가 사이의 국민들의 감정도 서로 적대적 방향으로 움직였는데 미국의 여론조사기관인 Pew Research Center에 따르면 2019년 미국인의 중국에 대한 호감도 조사에서 중국에 대한 혐오감이 60%에 이르렀다. 부정적 여론조사 결과는 조사기관이 조사를 시작한 2005년 이후 가장 높은 수준의 적대감을 나타낸 것이다. 즉, 러시아와 중국이 향후에 미국의 가장 위협적인 국가로 지목된 것이다. 역으로 미국에 대한 중국인의 여론조사도 유사한 경향을 보여주고 있다(상기의 저서 394 page 참고).

이미 예견된 일인 것처럼, 중국의 이러한 약속은 사실상 달성하기가 불가능한 것이었으며, 더구나 COVID-19전염병과 같은 비정상적인 상황에서는 더욱 달성 가능성이 희박한 것이었다.

미국의 통상법 301조

1974년 통상법 제301조의 내용

이 조항은 미국의 1974년 통상법(Trade Act of 1974)의 제301조를 일컫는 불공정 무역 보복 조항을 말한다. 1974년 통상법 제301조로 입법된 법으로, 미국의 무역과 투자에 악영향을 미치는 외국의 불공정 무역 행위를 제거하는 데 필요한 조치를 취할 권한을 대통령에게 부여하는 것을 골자로 한다. 301조라고 하여 하나의 조항만 있는 것으로 이해되는 경향이 있지만, 일반 301조는 사실 1974년 통상법 제301조 내지 제309조까지의 9개 조항을 포괄하여 부르는 명칭이다.

입법과정

소위 "슈퍼 301조"는 1988년 종합대외무역경쟁법(Omnibus Foreign Trade and Competitiveness Act of 1988)에 의해 입법되면서 19 U.S.C. § 2420에 자리잡게 된 법을 일컫는 명칭이다.

영구적인 법으로 입법된 제301조와 달리 슈퍼 301조는 한시적인 법으로 입법되었으며, 이후 수차례의 대통령 행정명령에 의해 부활했다.

슈퍼 301조는 일반 301조 보다 광범위한 무역 보복조치를 미국 행정부에 허용한다.

슈퍼 301조는 1988년 생긴 한시 조항으로 1990년 공식 만료됐다. 그러나 대통령 행정명령으로 언제든지 부활시킬 수 있으며, 2017년 8월 14일(미국 현지시간) 도널드 트럼프 미국 대통령이 중국의 미국기업 지적재산권 침해 여부를 조사하는 행정명령을 내렸다. 이 행정명령의 근원이 바로 이 스페셜 301조인데 지적재산권 침해 혐의가 확인되면 무제한 무역보복 조치를 예고한 것이며, 중국은 이에 대해 즉각 반발했다.

빌 클린턴 대통령이 행정명령을 통해 3차례(1994~1995, 1996~1997, 1999~2001년) 부활시켰다.

1980년대 미국제품은 경쟁력을 잃어 무역 적자가 천문학적으로 불어났다. 미국 의회와 기업들은 무역 적자의 원인과 해결책을 교역상대국에서 찾았다. 미국 상원은 1988년 세계에서 가장 보호주의 색채가 강한 종합무역법을 통과시켰다. 그 핵심이 슈퍼 301조다.

미국기업이 다른 나라의 불공정 무역행위로 피해를 입었다고 청원하면 미국 무역대표부가 이를 받아들여 3년 내 해당국이 조치를 취하지 않을 경우 보복 조치를 발동할 수 있다.

1988년 미국 의회가 슈퍼 301조를 통과시켰다. 미국 자동차 회사들이 일본 정부가 부당하다며 청원하여, 미국 무역대표부는 일본 자동차 수출입과 관련, 일본 정부에 슈퍼 301조를 발동했다.

1997년 10월 1일, 제너럴 모터스 등 미국 자동차 3개사가 청원을 하여, 미국 무역대표부가 한국 자동차 시장에 대해 슈퍼 301조를 발동했다(ko.wikipedia.org 참고).

무역전쟁의 확대 : Joe Biden 정부의 중국에 대한 압박

中상품 25% 고율관세 유지.. "무역법 301조 가능"

1단계 합의 이행률 62% 그쳐: 한국 등에 협력 압박 강해질 듯

조 바이든 미국 행정부의 대중 통상전략 윤곽이 4일(현지시간) 처음으로 공개됐다. 새로운 무역협상을 체결하기 위한 대화를 하겠지만 기본적으로는 지난해 중국과 체결한 1단계 무역합의 이행을 준수하고 도널드 트럼프 행정부 시절 부과한 고율 관세를 유지하는 등 강경 기조를 지속하겠다는 게 골자다. 아울러 동맹과의 공조를 강화해 중국을 압박하겠다는 외교 기조도 통상전략에 적용하겠다는 방침이다.

캐서린 타이 미 무역대표부(USTR) 대표는 이날 전략국제문제연구소(CSIS) 연설을 통해 "중국은 농업을 포함, 특정한 미국 산업에 이익을 주는 약속을 했다. 우리는 그것을 실행해야 한다"고 밝혔다. 지난해 1월 미 · 중이 체결한 1단계 무역합의 내용에 대한 중국 측 이행의 준수를 압박한 것이다. 1단계 무역합의는 중국이 미국으로부터 농산물 등을 구입하는 구매 계약 성격이 강하다. 중국은 2020~2021년 미국 상품 · 서비스를 2017년 대비 2000억 달러(약 237조 원) 규모 추가 구매하도록 했으나 이행률이 62%에 불과한 상태다.

또 타이 대표는 "1단계 합의에서 다뤄지지 않았던 중국의 비시장적인 무역 관행에 대해 심각하게 우려하고 있다"며 광범위한 정책적 우려를 중국 측에 전달할 것이라고 밝혔다. 타이 대표는 구체적으로 "중국 정부는 1단계 합의가 이행되는 상황에서도 계속해서 수십억 달러를 특정 산업에 투자했고 지속해서 국가의 의지에 따라 경제를 만들어나갔다"며 이는 "미국뿐 아니라 전 세계 노동자들의 이익을 해쳤다"고 지적했다. 특히 중국이 생산한 저가의 철강이 세계 시장에 범람해 미국과 전 세계 산업이 타격을 입었다는 사실이 지적됐다.

이와 관련, 타이 대표는 '무역법 301조를 새로 발동할 것이라는 관측이 있다'는 질문에 "가능한 모든 수단이 내게 있다. 301조는 아주 중요한 수단이고 우려를 다루는 데 있어 모든 가능한 수단을 살필 것"이라며 여지를 열어뒀다. 무역법 301조는 트럼프 행정부가 중국과의 무역전쟁에서 보복조치를 위한 무기로 썼던 조항이다. 더불어 트럼프 행정부가 2018년 초부터 중국산 상품에 부과하기 시작한 25% 고율 관세도 그대로 유지하기로 했다. 다만, 고율 관세로 인한 미국 기업의 어려움을 해소하기 위해 관세 적용 예외 제도인 '표적 관세 예외 절차'를 확대키로 했다.

중국을 압박하기 위한 동맹과의 협력도 언급했다. 타이 대표는 “우리는 동맹국들과 협력해 21세기의 공정 무역 규칙을 만들고 시장 경제와 민주주의의 정상에 오를 수 있도록 노력할 것”이라고 말했다. ‘민주주의와 시장경제’를 글로벌 무역의 준거로 삼겠다는 의미로 해석된다. 이에 따라 한국 등 동맹과의 협력 요청 압박도 강해질 것으로 예상된다. 다만 타이 대표는 “중국과 솔직한 대화를 가지려고 한다”고 말했다(문화일보 2021월 10월 05일 임정환기자 참고).

중국의 “Made in China 2025”

중국의 “Made in China 2025” 계획

중국제조 2025(영어: Made in China 2025)는 중화인민공화국의 국무원총리인 리커창이 제조업 활성화를 위해 2015년 제창한 전략이다. 2015년 5월 8일 공개되었으며, 5월 19일에 국무원에서 공식 발표되었다(ko.wikipedia.org 참고).

중국의 급속한 과학기술 발전과 이에 따른 제조업의 부상은 외국의 우려를 낳고 있으며, 불공정한 관행이 나타날지 모른다는 우려도 높아지고 있다. 중국은 강력한 중앙 계획의 추진과 막대한 정부 지출의 결과로 과학기술의 강국으로 부상했지만 데이터 공유, 지적재산권 보호, 윤리적인 연구 수행에 대한 불만은 여전하다.

중국은 인공지능(AI), 사물인터넷(IoT), 나노기술, 생명공학, 양자컴퓨팅, 빅데이터 등 빠르게 성장하는 첨단 분야에서 국제적인 도전자로 변신했다. 영국 연구혁신국은 중국이 2022년 미국을 제치고 R&D 투자 1위 국가로 부상할 것으로 전망하고 있다.

하지만 지적재산권(IP) 침해는 주된 마찰의 원인이 되어 왔다. 중국에 진출한 외국 기업들은 수년 동안 저작권 침해에 대해 불만을 토로해 왔고 시장 접근, 투자 접근 또는 규제 승인을 대가로 중국에 기술을 이전할 수밖에 없었다.

IP만이 불평의 근원은 아니다. EU 내에서 중국 과학자들과 협력한 몇몇 연구자들은 연구에 필요한 데이터에 완전히 접근하지 못하는 것에 대해 불평해 왔다.

(나) 중국 대학의 질에서 미국-영국에 이어 3위

중국 정부는 '토착형 혁신'과 '자급자족' 같은 용어를 강조하지만, 외국기업에게 불리하게 작용할 수 있는 인센티브를 제공한다는 비판이 쏟아지고 있다.

그럼에도 불구하고 중국 과학기술 성장의 또 다른 요인은 수 천 명의 가장 우수한 학생들을 서양 일류 대학에서 교육하기로 결정한 것이다.

중국 교육부에 따르면 중국은 2018년 66만 2100명의 학생이 해외로 나간 반면 196개국에서 49만 2185명의 유학생이 중국으로 돌아왔다. 미국에서 가장 많은 해외 유학생은 중국으로 36만 9000명 이상을 차지한다.

이미 몇몇 대학들이 중국에 연구개발 연구소와 대학을 설립했다. 케임브리지가 영국 이외의 지역에 최초로 설립한 협력연구기관인 캠브리지대-난징과학기술혁신센터(Cambridge University-Nanjing Science and Technology Innovation Center)가 2018년 개소된 것이 대표적이다.

스탠퍼드대, 임페리얼 칼리지 런던대, 옥스퍼드대, 싱가포르국립대 등도 연구센터를 설립했다. WIPO와 코넬대, INSEAD가 발표한 지수에 따르면 2019년 중국은 대학의 질에 있어서 미국과 영국에 이어 3위를 차지했다. 가장 순위가 높은 대학은 칭화대, 베이징대, 저장대 순이다.

과학 논문 발표 숫자에서 중국은 지난 20년간 매년 15%씩 놀라울정도로 성장해 이미 2017년 중국이 미국을 추월했다. 빠른 성장은 부분적으로 중국 연구원들이 출판비를 지원받았기 때문이지만, OECD에 따르면 미국은 여전히 가장 좋은 과학저작물에서는 앞서고 있다.

중국 정부의 가장 야심 찬 계획 중에는 '중국 제조 2025(MIC2025, Made in China 2025)'이 있다. 2015년에 처음 나온 이 계획의 목표는 중국이 첨단 산업에서 세계 선두주자가 되는 것이다.

"MIC2025"는 제조업을 더욱 발전시키기 위한 중국 국가전략계획이다. 상대적으로 저렴한 노동임금과 저기술 상품의 생산국인 '세계의 공장'에서 벗어나려는 목표를 가지고 있다.

이 계획의 중심은 반도체 산업이며 기타 산업으로는 항공우주, 생명공학, 정보기술, 스마트 제조, 해양공학, 첨단 철도, 전기자동차, 전기장비, 신소재, 바이오의약품, 농기계 및 장비, 제약, 로봇 제조업 등으로 거의 전 분야를 포함한다.

2018년 이후 미국, 유럽 등의 반발을 사자 'MIC 2025'라는 문구는 정부 및 기타 공식 자료에서 강조되지 않고 있지만 프로그램은 여전히 추진 중이다.

MIC 2025 프로그램의 핵심 목표는 미·중간 경쟁이 점점 더 치열해지는 AI, 5G, 항공우주, 반도체, 전기 자동차, 생명공학 등에 집중되어 있다.

이는 기본적으로 미국과 많은 분야에서 충돌한다. 워싱턴 D.C.의 전략국제문제연구소(CSIS)는 MIC 2025를 독일의 4.0 전략에서 직접 영감을 얻은 '중국 산업을 종합적으로 업그레이드하기 위한 이니셔티브'라고 설명했다.

(다) 5G 네트워크 구축에 1547조 원 투입 계획

중국은 특히 5G 투자를 확대하고 있다. 위키피디아 자료에 의하면 중국은 2020년 초 현재 약 20만 개의 5G 타워를 사용 중이며, 연말까지 50만 개 이상을 세우는 것을 목표로 하고 있다.

중국 전국인민대표대회(전인대)는 제14차 5개년 계획에서 5G 네트워크 구축에 5~6년 동안 1조 4000억 달러(약 1547 조원)을 들여 '스마트 도시 조성을 위해 카메라와 센서를 설치하고 이 네트워크를 산업과 통합해 스마트 제조의 진보를 가속화한다.'는 목표를 내세웠다.

이 계획에 대해 외국의 반응은 우려 일색이다. 유럽연합(EU)은 MIC 2025가 '혁신과 경제 발전에 대한 독일과 일본의 접근법'과 유사하다고 설명하고, 유럽상공회의소는 MIC 2025가 국내 기업에 우호적인 중국 보호주의를 키울 것으로 우려했다.

2018년 미국의 싱크탱크인 외교관계위원회는 MIC 2025가 '미국의 기술 리더십에 대한 실존적 위협'이라고 밝혔다. 트럼프 행정부는 2018년 6월 15일 중국 상품에 고율 관세를 부과해 중-미 간 무역 긴장이 고조됐다.

지난해 발표한 한국무역협회(KITA) 보고서는 MIC 2025가 중국의 자급자족에 대한 계획으로서, 한국 수출을 위협하면서도 산업 수요 변화에 따라 한국 기업이 진출하는 기회도 있다고 밝혔다.

KITA는 인수합병(M&A)을 통한 한국 기업의 혁신, 두뇌유출 및 지식재산 손실 방지, 중국의 불공정 무역행위 방지, MIC 2025에서 발생하는 시장 기회에 대한 적극적 대응 등을 주문했다(The Science Times 심재율 객원기자 2020.11.20.기사 참고).

중국의 기술 대국으로의 부상과 세계1위의 경제대국 야망

중국을 '제조업 대국'에서 '제조업 강국'으로 키워내기 위해 2015년부터 추진하고 있는 것으로, 2025년까지 첨단 의료기기, 바이오의약 기술 및 원료 물질, 로봇, 통신 장비, 첨단 화학제품, 항공우주, 해양엔지니어링, 전기차, 반도체 등 10개 하이테크 제조업 분야에서 대표 기업을 육성하는 게 목표이다.

"중국제조 2025"는 단순히 첨단 산업을 키우려는 계획이 아니다. 중국은 2025년 제조 초강대국이면서 기술 자급자족 달성을 목표로 잡고 있다. 핵심 기술 및 부품·소재를 2020년까지 40%, 2025년까지 70% 자급하겠다는 구상이다.

"중국제조 2025"는 5대 프로젝트와 10대 전략산업으로 짜여 있다. 중국 정부는 제조 강대국이라는 최종 목표를 달성하기 위해 3단계 계획을 세웠다. 국가별로 등급을 1등급(미국), 2등급(독일, 일본), 3등급(중국, 영국, 프랑스, 한국)으로 분류한 뒤 1단계(2016~2025년)에선 제조업 강국 대열에 들어선다는 내용이 들어 있다. 2단계(2026~2035년)에서는 독일과 일본을 넘어 강국의 중간수준에 진입하고 3단계(2036~2049년)에 최선두에 서겠다는 구상을 담았다.

미국 전략국제문제연구소(CSIS)는 최근 USTR에 제출한 보고서에서 "자본과 기술, 정보기술(IT) 능력 등을 모두 갖춘 거대한 중국이 국가주도로 외국 기업에 불이익을 주는 정책을 펴는 것은 중소 개발도상국의 불공정 정책과는 근본적으로 다른 문제"라고 지적했다. NYT는 "중국은 보잉, 에어버스, 제너럴일렉트릭(GE), 지멘스, 닛산, 르노, 삼성, 인텔 등으로부터 수입을 중단하려 하고 있다"고 보도했다.

이 계획을 추진하는 과정에서 중국정부는 자국기업에 대규모의 보조금을 지원하고 중국에 진출한 외국기업에는 핵심기술을 이전하라고 압박을 가하고 있다.

한편, 미국은 고율관세 부과 등을 통해 "중국 제조 2025" 전략을 견제하고 나섰다. 미국 무역대표부(USTR)는 2018년 4월 3일 고율 관세부과 대상인 중국산 수입품 1300여 개 목록을 공개했는데, 이 목록은 예상대로 중국 제조 2025 전략을 정조준 했다. 중국이 중국 제조 2025를 통해 육성하려는 첨단 의료기기, 바이오의약 기술 및 원료 물질, 로봇, 통신 장비, 첨단 화학제품, 항공우주, 해양엔지니어링, 전기차, 반도체 등을 관세 부과 대상에 모두 포함했다.

미국이 중국 제조 2025 전략을 견제하고 나선 것은 중국이 보조금 지급 등을 통해 첨단산업을 육성함으로써 미국의 경쟁 우위를 빼앗으려는 것으로 보고 있기 때문이다. 그 와중에 중국은 미국 기업의 지식재산권을 훔쳐 사용하면서 무역적자가 심해지고 있다는 것이 미국의 인식이다.

한국에 대한 영향

대외경제정책연구원(KIEP)은 미 · 중 통상전쟁으로 중국의 대미 수출이 줄면 반도체 등 전자부품과 화학제품 등 한국의 대중 중간재 수출이 타격을 입을 것으로 분석했다. 중국산 휴대폰과 텔레비전 등의 미국 수출이 감소하면 한국산 반도체와 디스플레이 수요가 줄어들 수밖에 없기 때문이다.

독일 싱크탱크 메릭스는 보고서에서 "중국 제조 2025 전략이 성공하면 첨단기술 산업 비중이 큰 국가가 타격을 받을 것"이라며 피해국가

1순위로 한국을 꼽았다. 독일과 일본, 체코, 이탈리아 등이 그 뒤를 따르고 미국은 중위험국으로 분류됐다.

중국 제조 2025 전략에 따르면 중국은 반도체, 디스플레이, 전기차, 로봇, 해양플랜트, 바이오의약품 등의 분야에서 세계적 수준에 올라갈 때까지 지원한다는 방침을 세워놓고 있다. 이들 산업은 모두 삼성 현대자동차 SK LG 등의 주력 사업이거나 신수종 사업과 겹친다. 삼성그룹은 2015년 내부 분석을 통해 "중국 제조 2025"가 달성되면 전자 자동차 정보기술(IT) 등 주력 산업에서 중국에 대한 수출 감소뿐 아니라 세계 시장을 놓고 중국 기업과 사투를 벌여야 할 것으로 분석했다(help.intelly.kr 참고).

중국의 해외 기술 탈취행위의 사례들

중국은 1978년 등소평의 개방정책이 시행된 이후 끊임없이 정부의 주도 하에 이루어지는 선진국의 기술 탈취나 제품을 모방하는 불법적인 행위를 시행한 것에 대하여 비난을 받아왔으나 미국은 2015년 "Made in China 2025"는 중국이 사실상 이러한 행위를 더욱 노골적으로 나타낸 것에 불과한 것으로 인식하고 있다.

첫째, 화학제품제조업체인 듀퐁(DuPont)의 경우를 보면, 듀퐁 상하이사무소에 중국의 반독점 조사원들이 나타나 듀퐁의 전세계에 소재한 연구실의 연구자료를 조사하기 위한 비밀번호를 강압적으로 요구하여 축적된 자료를 탈취한 사실이 발생했다. 2017년 듀퐁에서 추정한 이 연구에 대한 가치는 US 6억$에 달한다(Superpower Showdown Published by HarperCollins Publishers 2020 by Bob Davis and Lingling Wei, 150-151 page).

둘째, 미국의 Iowa에 소재하는 건설장비제조회사인 Vermeer Corp.인데 이 회사는 190년대에 중국에 진출하여 중국시장에서 이 제품에 대한 매출액 1위를 기록했던 회사이다. 2005년에는 중국에 중국의 기업과 JV를 설립하기도 하였다. 그러나, 2017년 정부가 소유하는 기업인 XCMG(Xuzhou Construction Machinery Group)가 시장에 진입하여 정부의 보조금을 받으면서 Vermeer로서는 도저히 맞출 수 없는 낮은 가격으로 입찰에 참여하여 시장을 지배하기 시작하였으며 이 회사는 중국이 국제적 사업으로 추진하는 "1대1로"에도 참여하고 있다. Vermeer가 중국시장에 진입한 20년후에는 시장점유율이 겨우 2%에 불과하다(Superpower Showdown Published by HarperCollins Publishers 2020 by Bob Davis and Lingling Wei, 411-412 참고).

셋째, 중국의 통신장비회사이면서 실질적으로 중국 정부 소유의 회사로 알려진 화웨이(Huawei)의 회장은 오랜 기간 동안 중국군의 정보기관에 근무하였으며 화웨이 지분의 극히 일부만 보유하고 있다. 또한, 화웨이가 설장하는 과정에서 캐나다의 양대통신장비회사의 하나인 노텔의 기술을 절취하여 현재 세계최대의 통신장비회사로 성장하였는데, 노텔은 한때 종업원이 100,000명에 이를 정도였으며 시가총액이 캐나다 주식시장의 35%에 이를 정도의 대기업이었다. 노텔이 파산신청을 할 때 중국의 화웨이가 노텔의 통신관련 특허를 모두 매입하려 하였으나 미국이 이 거래를 방해하여 성사되지 않았다(이상의 내용은 namu.wiki 자료 참고).

미국의 권유와 압박으로 인하여 중국과 연관되지 않는 기업이나 유럽 각국은 화웨이와의 거래를 취소하는 과정에 있다. 또한, 미국의 화웨이에 대한 여러가지 제한조치를 보면서 중국은 미국의 무역분쟁이 겨우 시작에 불과하다는 것을 인식하고 미국의 무역제재에 대해 굴복을 하지 않고 장기전을 펼치겠다는 속내를 보인 시점이 된 것이다(상기의 저서 27-28 page 참고).

넷째, 중국의 AMEC(Advanced Micro-Fabrication Equipment Inc.)가 미국의 Silicon Valley에 기반을 둔 반도체제조장비회사인 Veeco의 특허권을 침해하여 생산함으로써 Veeco의 경쟁회사가 되어 반도체제조장비의 가격을 대폭 인하하면서 Veeco의 시장을 잠식시키자 Veeco는 미국법정에 특허권침해소송을 제기하였고 이에 승소를 하였다. 따라서, Veeco는 2017년부터 중국의 AMEC가 이제품을 더 이상 생산하지 못할 것으로 예상하였으나, 이와 반대로 중국의 AMEC는 Veeco를 상대로 하여 중국의 법정에서 특허권침해소송을 제기하여 승소하였는데 이 때 중국법정은 Veeco가 제시한 AMEC의 특허위반사항 일체를 무시하는 판결을 한 것이다. 이 사건은 중국정부의 외국기업에 대한 막가파식의 행태를 보여 준 좋은 예이다(상기의 저서 282-283 page 참고).

이 외에도 첨단 산업 분야에서 중국이 불법적으로 또는 강압적으로 기술을 탈취한 예는 수없이 많은 사례가 있으며 그 방법 또한 너무도 다양하여 일일이 열거하기가 힘들 정도다. 2019년 8월에 실시한 미. 중 기업연합회 회원을 상대로 한 설문조사에 따르면, 조사대상의 91%가 "중국정부가 다양한 방법으로 그들의 지적 재산권을 이양할 것"을 강요할 것이라고 걱정하는 것으로 나타났다(상기의 저서 210-211, 252 page 참고).

2013년 미국의 지적 재산권 절도에 대한 조사를 담당했던 Richard Ellings의 증언에 따르면, "미국에서 발생하는 전체 지적재산권 절도사건의 80%가 중국인 또는 중국정부에 의해 자행되고 있으며 이것을 금액으로 환산하면 연간 수천억US$에 달할 것으로 추정된다"는 것이다(상기의 저서 209-210 page 참고).

미국이 이러한 증언을 발표하는 것은 미국이 단순 무역전쟁을 넘어서 지적 재산권 문제로 확대하겠다는 의지를 표명한 것으로 볼 수 있으며, 지적 재산권 문제는 미국의 통상법 301조의 핵심 내용 중의 하나이기도 하다.

따라서, 2019년 3월에 개최한 중국의 국가인민위원회에서는 미국과 다른 선진국들의 MIC2025에 대한 불만과 불안을 의식한 탓인지 더 이상 MIC2025를 언급하지 않았다(상기의 저서 327 page 참고).

또한, 현실적으로도 다양한 형태의 지적재산권 탈취행위가 없다면, MIC2025 달성도 불가능할 것으로 판단하면 될 것이다(상기의 저서 212 page 참고).

세계화폐와 금융패권 유지를 위한 미국의 응전

세계화폐의 중요성

1971년 8월 15일 미국의 Nixon 대통령에 의하여 브레튼우즈(Bretton Woods Dystem)체제에 따라 금본위화폐제도가 일방적으로 폐기된 뒤에도 세계 제1위 국가의 경제규모와 연방준비은행(FRB)의 독립성과 법치주의 확립 등을 기반으로 한 신용에 의한 세계화폐의 지위를 유지하고 있는 미국은 중국에 의하여 세계화폐의 지위와 금융패권을 동시에 상실하게 되면 세계 최대의 채무국가로 추락하며, 자칫 연방국가의 유지라는 USA가 해체될 수도 있을 것이다.

따라서, “Made in China 2025”로 인하여 중국의 숨은 의도가 들어난 이상 미국은 국가의 사활을 걸고 중국과 대결할 수 밖에 없다, 과거 미. 일 무역전쟁 보다 훨씬 삼각하게 인식하고 있다.

미국의 세계경제 주도권 유지를 위한 미. 중 전쟁의 확대

미국은 중국과 단순한 무역분쟁을 일으키는 방식이 미국과 중국의 대결이라는 지난 Trump 정권의 방식보다는 신장의 위구르민족에 대한 인권탄압, 티베트의 장족에 대한 인권탄압, 홍콩에 대한 강제적 정치적 합병, 제4차 산업의 발전된 기술을 이용한 세계 각국으로의 정치적 방해공작 등의 보편적인 자유세계 가치를 훼손하는 중국의 행태와 중국 정부의 중국기업에 대해 불법적이고 과한 보조금지급과 해외기술기업에게 중국기업으로의 기술 이전 및 강요등을 강조하면서 미국의 통상법 301조 위반을 함께 언급하고 "자유세력과 독재세력"의 대결이라는 구도로 확대하여 중국을 정치적, 경제적으로 철저히 고립시키는 전략으로 확대하고 있는 것이며 이 방법이 장기적으로 미국을 위해서도 상대적으로 유리한 전략으로 판단된다(상기의 저서 237 page 참고).

독재국가 중국의 한계

한편, 미국의 입장에서 다행스러운 면은 중국 중앙은행의 독립성 부재와 법치주의 부재, 삼권분립의 부재, 지속적인 부정부패, 신뢰성과 투명성 부족 등으로 인하여 중국 화폐의 위안화가 세계화폐로 등장할 가능성은 매우 희박하며, 세계의 금융시스템을 장악하는 것은 더욱 힘들 것이라는 것이다. 또한, 지금과 같이 복잡하게 서로 연결되어 있는 경제구조 아래에서는 중앙집권적 독재국가 구조와 경제적 효율성과 휴머니즘적 자본주의 경제구조를 갖추지 못한 국가의 성장은 한계에 노출될 수 밖에 없는 것이다. 즉, 다양한 경제 현상에 대한 개방적이고 신속한 의사결정과 끊임없는 Feedback이 활성화되어 있지 않으면 지속적인 경제발전이 쉽지 않기 때문이다. 이에 더하여 미국이 현재 추진하고 있는 세계경제공급망에서의 중국의 퇴출이 완료된다면 중국이 발전한다는 것이 더욱 힘들어 질 것이다.

이러한 "독재국가가 발전하는데 한계가 있다"는 것은 중국에만 한정된 것이 아니며, 러시아, 터키, 아르헨티나, 베네수엘라, 북한, 대부분의 중동국가와 남아메리카 국가들, 아프리카 국가 등 법치주의가 확립되지 않는 대부분의 국가에 해당하는 것이다.

중국의 약탈적 경제행위

그리고, 이미 여러 차례에 걸쳐 언급하였지만, "Made in China 2025"에서 중국의 속내를 보여준 것처럼 벤처기업을 통한 기술 탈취, 중국 정부의 각 기관을 이용한 유. 무형의 압박을 통한 기술이전, M&A 등의 다양한 방법을 이용한 선진기술을 확보하여 미국을 넘어선 세계1위의 기술대국을 완성하여 세계를 장악하겠다는 의도를 미국이 자유진영의 기술선진국과 함께 지금의 응전을 통하여 확실히 붕괴하여야 과거의 판단착오를 극복할 수 있을 것이다.

중국의 환율 조작

미국 재무부는 중국정부가 1990년대부터 2000년대까지 환율조작을 통하여 중국의 화폐인 위안화를 약 30% 정도 지속적으로 평가절하하여 중국제품의 가격경쟁력을 높여 미국 시장에 수출을 증대할 수 있도록 하였다고 판단하고 있다. 따라서, 미. 중 무역분쟁이 본격화되면서 다양한 수단으로 중국을 압박하고 중국도 이에 대항하게 되면서 세계경제에 부정적인 영향이 가속화될 것이다(Superpower Showdown published with HarperCollins Publishers 2020 by Bob Davis and Lingling Wei, 180-181 page).

이와 함께, 미. 중 무역분쟁의 소규모 1차 합의는 Trump의 임기 말인 2020년 1월 15일에 마무리되었지만, 현재 중국이 1차 합의를 제대로 이행하지 못하는 상황이며 이를 계기로 하여 미국의 중국에 대한 다양한 경제적 압박을 재가동할 수 있을 뿐만 아니라, 이에 더하여 인권 문제와 대만 문제, 남중국해 문제, COVID-19 전염병 기원 문제 등이 복잡하게 얽혀있어 미국이 영국, 호주, 프랑스, 캐나다 등의 국가들과 연합하여 중국을 압박하는 국면에서 중국이 이러한 문제를 현명하게 대처하지 못하면 국가의 후퇴가 확실한 상황이 될 것이다.

즉, 이 미중분쟁의 시작은 2001년 WTO가입이후 중국의 과도한 대미무역흑자 때문에 Trump 전 대통령이 시작하였지만, 다양한 이유로 인하여 쉽게 마무리되지 않은 상황에서 Biden 정권으로 바뀌면서 여론을 중시하는 미국의 정치 현실에서 미국인의 중국에 대한 적대 감정이 70% 이상인 지금의 현실을 극복하기 위한 합의안을 체결하기는 기대난망인 것이며 1당 독재국가인 중국공산당의 쇠퇴를 재촉할 수도 있을 것이다.

신냉전체제로의 확대

앞에서 언급한 것처럼, Trump 대통령의 임기 말인 2020년 1월15일 미. 중 무역분쟁의 소규모 1차 합의가 도출되었지만, Biden 대통령으로 정권이 바뀐 지금의 미중분쟁은 전 정권의 추가 합의 시에 포함될 예정이었던 핵심 요구사항인 첫째, 지적 재산권의 강력한 보호와 둘째, 1당 독재정치체제의 자유민주적 정치체제로의 전환과 중국 정부의 중국기업에 대한 불공정한 과도한 지원제도의 대폭적인 축소 혹은 완전 백지화는 지금 시점에서 사실상 불가능한 것으로 보인다(Superpower

Showdown Published with HarperCollins Publishers 2020 by Bob Davis and Lingling Wei, 319 page 참고).

이러한 미국 측의 요구는 중국공산당독재체제의 몰락을 가져올 가능성이 매우 높기에, 1당 독재국가 유지를 최우선의 목적으로 생각하고 있는 중국의 시진핑 주석은 "공동부유"를 가장한 모택동식의 신문화혁명의 "공동빈곤"을 선택할 수 밖에 없게 된 것이다. 따라서, 중국은 Anke(Anquan Kekao, 이것의 의미는 "보안과 통제가 가능한" Emtdlek.) Project를 진행하고 있는데 이것은 궁극적으로 기술과 산업에 대한 미국과의 Decoupling을 시도하기 위한 중. 장기적인 국가목표이다(상기의 저서 391-392 page 참고).

반면, 미국의 Biden 대통령은 세계경제공급망에서 중국을 배제시키기 위한 보다 강경한 정책을 시행하기 위하여 자유선진국가들과 공동으로 진행하고 있는 것이다.

제6장 COVID-19 전염병으로 인한 미. 중 전쟁의 확대

현대사회는 엄청나게 빠른 속도로, 그리고 수많은 다양한 요인으로 서로가 밀접하게 관계를 맺고 상호작용하면서 변화를 거듭하고 있기에 어느 한 요인으로 단정하면서 미래를 예측한다는 것이 그 어느 때보다도 힘들고 어렵다. 그런데 2019년 말부터 중국 우한지역에서 발생한 COVID-19 전염병은, 1900년대와 2000년대에 들어와 제1차 세계대전과 제2차 세계대전뿐만 아니라, 한국전쟁을 포함한 수많은 국지전쟁과 Terror와의 전쟁, 끊임없는 경제위기를 극복하면서 동시에 경제발전과 빈부격차 해소를 위해 지속적으로 노력한 세계를 그 어느 때보다도 힘들게 하고 있다.

이러한 상황에서 미. 중 무역전쟁은 합의의 기미를 보이기보다는 오히려 전염병의 근원을 둘러싸고 엄청난 이견을 보이면서 서로의 불신을 가속화시켜 전면적인 미. 중대결과 전쟁으로까지 확대될 조짐을 나타내고 있다.

특히, 미국의 Joe Biden 대통령이 취임하면서부터는 미. 중 무역전쟁이 아닌, 신장지역의 위구르 문제, 티베트지역의 장족 문제, 홍콩과 대만 문제, 남중국해 문제, 인공섬 문제 등의 국제질서와 인권문제를 앞세우면서 자유세력과 독재정권과의 대결이라는 새로운 냉전체제구도로 확대, 전환되었으며 세계 경제의 공급망에서 중국을 배제하는 경제공급망 체제를 형성하기 위하여 노력하고 있으며, 중국의 시진핑 주석은 미국과의 불합리한 협상을 행할 바에는 추가적인 무역 협상을 하지 않는 것이 적절하다 판단하여 과거 마오쩌뚱 정권의 고립주의로 전환하기 위한 "공동부유"를 선전문구로 내세우고 있다.

COVID-19 전염병의 장기화와 미. 중 사이의 불신 증폭

COVID-19 전염병의 발병원인

COVID-19전염병의 원인을 둘러싸고 WHO는 중국 입장을 옹호하는 편향적인 태도와 전염병 발병원인 확인을 위한 과학자들에 대한 중국의 비협조적인 태도, 미국의 전염병에 대한 중국 책임 주장 등이 복합적으로 작용하면서 미국과 중국과의 갈등이 다른 영역에도 확장되면서 세계 경제에 부정적인 영향을 고조시키고 있다.

(가) 영국과 노르웨이의 저명한 과학자 두 명이 '코로나19 바이러스의 실험실 제조설'을 뒷받침하는 논문을 조만간 국제 학술지에 발표할 예정이라고 영국 언론이 보도했다. 조 바이든 미국 대통령이 미 정보당국에 코로나19 기원에 관한 재조사를 지시하는 등 코로나19 기원 논쟁이 새로운 국면을 맞은 가운데 나오는 논문이 파장이 일 것으로 보인다.

29일(현지시간) 영국 데일리메일은 앵거스 달글리시 영국 세인트 조지 의대 교수와 노르웨이의 바이러스 학자인 버거 소렌센 박사가 작성한 22페이지 분량의 논문을 입수해 소개했다. 두 과학자는 논문에서 코로나19 바이러스가 인위적으로 만들어졌다는 근거로 크게 세 가지를 들고 있다.

첫째, 코로나19 바이러스를 분석한 결과 '고유한 지문(unique finger-prints)' 6개가 발견됐다. 이 지문은 실험실에서 조작된 바이러스에서만 발생할 수 있다는 게 논문의 주장이다.

둘째, 코로나19 바이러스의 스파이크에서 한 줄로 된 4개의 아미노산이 발견됐는데, 모두 양전하를 갖고 있다. 이런 점이 코로나19 바이러스가 마치 자석처럼 음전하의 인간 세포 부분에 딱 달라붙게 하고, 더욱 전염성을 강하게 만든다.

이 논문은 아미노산은 서로를 밀어내는 성질 때문에 자연 발생하는 유기체에선 양전하 아미노산 3개를 연속해서 한 줄에 발견하는 건 드문 일이며 더욱이 4개가 한 줄에 있는 건 매우 가능성이 낮다고 전한다. 두 과학자는 "물리학의 법칙은 4개의 양전하 아미노산을 한 줄에 가질 수 없다는 것을 의미한다. 이를 얻는 유일한 방법은 인공적으로 제조하는 것"이라며 "이는 바이러스를 조작한 명백한 징후"라고 주장했다.

셋째, 논문은 코로나19 바이러스의 신뢰할 만한 '자연 조상(natural ancestor)'이 없다고 지적한다. 즉, COVID-19 바이러스가 동물에서 인간으로 전염될 때 중간 숙주 등 자연적인 기원을 찾지 못했다는 것이다.

논문은 이런 근거 등을 토대로 COVID-19 바이러스는 중국 과학자들이 동굴의 박쥐들에서 발견된 자연 바이러스를 근간으로 새로운 스파이크를 붙여 치명적이고 전염성이 강하게 만든 바이러스이며 우한 연구소에서 유출된 것으로 보인다고 주장했다. 또 자연 발생한 바이러스처럼 보이도록 인위적으로 만든 흔적을 덮으려고 노력한 시도도 보인다고 덧붙였다.

논문은 "COVID-19가 실험실에서 만들어졌다는 것은 합리적인 의심을 넘어선다"고 결론지었다.

달글리시 교수는 암 치료와 인체면역결핍바이러스(HIV) 백신 개발에 관해 영국에서 손꼽히는 권위자다. 소렌센 박사는 노르웨이 바이오산업협회 회장을 역임했고, 백신 제약사의 최고경영자(CEO)이기도 하다.

이번 논문은 조만간 국제학술지 'QRB 디스커버리(Quarterly Review of Biophysics Discovery)'에 게재될 예정이다.

두 과학자는 지난해에도 COVID-19 바이러스는 인위적으로 만들어진 것이란 논문을 발표하려고 했지만, 주요 과학 저널에서 거절당했다고 전했다. 당시 과학계에선 코로나19가 자연 발생했다는 이론이 널리 받아들여지고 있었고, 관련 논문도 여러 편 나왔다.

달글리시 교수는 영국 더 타임스의 일요판 선데이타임스와의 28일 인터뷰에서 "당시 코로나19 바이러스가 인위적으로 만들어진 것이란 연구 결과를 내놓자 과학계에서 엄청난 공격을 받았다"면서 "관련 논문을 실어 줄 곳을 찾기도 힘들었다. 아마도 과학 기관들이 중국을 화나게 하고 싶지 않았던 것 같다"고 주장했다.

하지만 최근 월스트리트저널(WSJ)이 미 정보 당국의 비밀 보고서를 인용해 중국에서 코로나19가 확산하기 전인 2019년 11월 우한 바이러스 연구소의 연구원 3명이 코로나19와 유사한 증상으로 병원 치료를 받았다고 보도하면서 코로나19 기원 논쟁이 재점화 되었다.

30일 선데이타임스는 영국을 포함한 서방 정보기관은 초기에 코로나19의 우한 연구소 기원설이 사실일 가능성이 크지 않다고 봤지만, 재평가 결과 개연성 있는 것으로 방향을 바꿨다고 보도했다. 이에 따라 영국 정보기관들도 코로나19가 우한 연구소에서 기원했는지에 대해 현재 조사 중이라고 매체는 전했다.

서방 언론은 의혹을 집중 제기하고 있다. 이날 미 ABC뉴스는 지난해 하버드대 연구진이 위성 사진을 근거로 코로나19가 공식 보고되기 전인 2019년 늦여름과 초가을부터 우한의 병원 주변에 교통량이 급증했다는 분석을 내놓은 사실을 다시 전하기도 했다(중앙일보 2021년 5월 30일자 기재내용 "코로나 실험실서 만들어졌다…고유지문 6개 발견" 논문 참고).

(나) 물론, 두가지에 대한 중국정부의 법적 책임은 엄청난 차이가 있다.

첫째, "우한의 수산시장에서 비자발적으로 우연히 발생한 것이다."라는 중국 정부의 주장이다.

둘째, 우한의 생물학연구소(Wuhan Institute of Virology)에서 박쥐에 있는 Coronavirus를 인위적으로 변이시키는 과정에서 발생한 것이라는 주장이다.

우선, 수산시장에서 발생했다는 주장의 허구성은 ① 박쥐로부터 우한수산시장에서 취급하는 다른 동물에게 전이될 수는 있겠지만 우한의 수산시장에서는 박쥐를 취급하지 않는다는 것이며 ② 치명적인 Coronavirus를 지니고 있는 박쥐의 종류는 우한 반경 100miles 이내에는 발견되지 않았다는 것이다.

다음으로 생물학실험실에서 변이에 대한 실험 도중에 관리부실로 인하여 변이된 Coronavirus가 전염되었다는 이론인데, 이것 또한 한계가 있기에 어느 것이 진실인지는 최종 확인되지 않은, 현재 진행 중이라는 것이다. 단지, 현재 시점에서 확인할 수 있는 것은 우한의 실험실에서 Coronavirus를 보유한 살아 있는 박쥐를 소유하고 있었다는 것이며, 이 동물을 이용하여 위험한 실험을 하였다는 것이다. 또한, 우한의 수산시장에는 초기에 Coronavirus를 보유한 박쥐가 없었다는 것이다.

그런데, 여기서 중국정부가 행동한 이상한 행태를 짚어보고자 한다. ① Coronavirus가 실험실에서 나오지 않았다면, 왜 증거들을 없애버렸는가? ② 만일 아무런 문제가 없다면, 왜 생화학무기 전문 중국 장교를 우한실험실의 책임자로 임명하는가? ③ Coronavirus를 지닌 박쥐가 실험실에 있었다는 사실과 허술한 관리로 인하여 인체에 치명적인 이 Virus가 유출된 가능성은 무었인가? ④ 수산시장에서 판매하지 않은,

그리고 우한 반경 100miles이내에 Coronavirus를 보유한 박쥐가 살고 있지 않음에도 불구하고 우한시장에서 Coronavirus가 시작된 것은 무엇 때문인가? ⑤ 첫 희생자 4명 중 3명은 우한시장을 간 적이 없는데 그럼에도 불구하고 그 사람들이 전염병에 걸린 이유는 무엇인가? ⑥ 중국이 감출 것이 없다면 왜 이상한 주장으로 미국에 책임을 떠넘기려는 이유는 무었인가? ⑦ 그리고, 이에 더하여 최근에 방문한 WHO전문가들의 조사를 방해하면서 그들이 요구한 자료를 제출하지 않은 이유는 무엇인가? (The New Great Depression Published by Penguin Random House LLC 2021 by James Rickards 19~26 page 참고).

그리고, 여기서 추가하자면, TSARS의 전염력과 치사율(10%에 달함)이 COVID-19보다 훨씬 강함에도 불구하고 2002년의 TSARS 발생 때는 발생 초기에 발생 국가인 중국에서 WHO와 함께 신속하게 잘 대응하여 다행스럽게도 세계적으로 사망자 약 8,500명에 머물렀으며 백신이 개발되기도 전에 중국, 홍콩, 타이완, 싱가폴, 캐나다 등으로 전염된 후에 차츰 사라져 2004년 이후에는 추가적인 발병이 보고되지 않았다. 그런데, 지금의 COVID-19는 왜 초기부터 무언가를 감추려고 하는가? 물론, TSARS의 반적인 증상이 감염이 되면 바로 열이 나고 그때부터 전염이 되며 감기와 유사하여 증세를 쉽게 알 수 있어 상대적으로 대응하기가 용이한 점은 있지만, 중국이 대응하는 그 때의 대응 방식과 지금의 대응 방식이 너무 차이가 난 것이 의문이라는 것이다(The Pandemic Information Gap Published by The MIT Press 2020 by Joshua Gans 7 page 참고).

COVID-19 전염병에 대한 발병 원인이 이상과 같은 내용으로 나오고 있으나 중국의 비협조로 인하여 최종적으로 확인하기 위해서는 아직 시간이 걸릴 것으로 보인다.

2년 이상 지속되는 전염병으로 인하여 미국을 포함한 전 세계에서 엄청난 재산피해가 발생했을 뿐만 아니라, 많은 인명피해가 계속되고 있기에 중국의 책임은 피하기 힘들 것으로 예상되며, 세계 각국이 공동으로 법적 소송에 참여하여 중국이 국책사업으로 추진하고 있는 "일대일로" 사업과 많은 해외투자자산에 대한 압류나 몰수 등의 방법을 통하여 중국에 대한 배상압박이 가능할 것이다. 특히 미국, 인도, 유럽 각국, 일본, 호주, 캐나다, 남아메리카 각국, 동남아시아 각국, 아프리카 지역의 여러 국가 등의 세계 대부분의 국민이 중국에 대한 적대감을 감추지 않고 있는 환경에서 중국이 책임을 회피하는 것은 쉽지 않을 것으로 보인다.

계속되는 COVID-19 전염병의 변이

21c의 제4차 산업의 빠른 발전처럼 이 전염병은 매우 빠른 변종을 일으키며 기존의 COVID-19전염병에 대응하는 백신의 효과를 무력화시키고 있어 이에 대한 대응을 위하여 또 다른 백신을 개발해야 할 상황이 되고 있다. 즉, 이 전염병의 발생 초기에 2년 정도면 백신이 개발되어 이 전염병에서 벗어나 차츰 일상적인 경제활동으로 되돌아가면서 늦어도 2022년에는 경제가 회복국면에 진입하여 2024년에는 2019년의 세계경제 수준을 회복할 것으로 예상했지만, 이제는 미. 중 전쟁과 COVID-19 전염병이 장기화됨으로써 2019년의 경제수준을 회복하려면 2026년이 될 것으로 보이며 이 두 가지 악재가 세계경제의 불황과 소득불평등을 더욱 심화시킬 것으로 보인다. 또한, COVID-19 전염병 변이를 총체적으로 대응할 수 있는 백신이나 치료제가 나와야 모든 경제활동이 차츰 정상적으로 작동될 것으로 보인다.

여기서 COVID-19 전염병의 계속되는 또 다른 변이 발생에 대한 신문기사를 참고로 하겠다. 오미크론 확진 5명, 한국도 연쇄 감염 시작됐다

국내에서도 오미크론 변이 신종 코로나바이러스 감염증(COVID-19) 확진자가 처음 나왔다. 정부는 지난달 나이지리아를 방문한 인천 거주 40대 부부와 이들의 30대 지인 A씨(남성), 또 다른 나이지리아 방문 50대 여성 2명 등 모두 5명이 오미크론 변이 감염자로 최종 확인됐다고 1일 밝혔다. 지난달 24일 남아프리카공화국 의료진이 오미크론 변이를 세계보건기구(WHO)에 처음 보고한 지 일주일 만에 국내에서도 감염자가 나온 것이다.

이날 질병관리청에 따르면 지난달 24일 나이지리아에서 귀국한 뒤 25일 COVID-19 전염병 양성 판정을 받은 인천 거주 40대 부부와 이들의 이동을 도운 A씨 등 3명이 변이 확정 검사에서 오미크론 감염자로 최종 확인됐다. 또 이들과 별도로 지난달 13~22일 역시 나이지리아를 방문했다가 23일 입국 후 24일 확진된 경기 지역 거주 50대 여성 2명도 오미크론 감염으로 확인됐다.

이들과 관련한 코로나19 확진자 4명에 대해서도 당국이 오미크론 여부를 조사하고 있어 감염자는 더 늘어날 가능성이 크다. 부부의 밀접접촉자 중 확진 판정을 받은 10대 아들의 오미크론 여부 검사 결과가 2일 나올 예정이다. 감염 가능성이 크다. 40대 부부의 지인 A씨로 인한 추가 확진자도 3명 확인돼 오미크론 여부를 확인하고 있다. 결과는 주말께 나온다. 오미크론 감염자가 줄줄이 확인되면서 지역사회 감염이 이미 시작됐다는 우려가 나온다.

부부의 지인 A씨와 10대 아들은 미접종자라서 부부의 확진 직후부터 밀접접촉자로 분류됐고, 지난달 29, 30일 각각 확진 판정받기까지 4, 5

일간 자가격리 되었다. 하지만 A씨로부터 감염된 환자가 나오면서 방역당국의 우려가 커졌다. 격리 중이었는데도 접촉이 있었다는 뜻이기 때문이다. 아들의 격리 상황에 따라서는 추가 감염자도 나올 수도 있다. 당국은 아들이 학교에 대면 출석했는지 등을 확인하고 있다. 부부의 밀접접촉자는 아들과 A씨 외에 귀국 항공기에서 앞뒤 2열에 앉았던 승객(6명)과 부부의 딸 등 7명이 더 있다. 이들 가운데 코로나19 양성 확진자는 아직 확인되지 않았다.

방역당국의 역학조사에 따르면 오미크론 변이에 감염된 40대 부부는 지난달 14~23일 나이지리아를 방문한 뒤 24일 오후 귀국했고 이튿날인 25일 확진됐다. 부부는 지난 10월 28일 모더나 백신 접종을 완료했고, 귀국 비행기에 탑승하기 전 현지에서 받은 유전자증폭(PCR) 검사에서는 음성이 나왔다. 하지만 입국 직후 거주지 근처 보건소에서 검사한 결과에서 양성 판정을 받았다.

부부는 접종 완료자로 격리 면제 대상자라 지난달 24일 오후 검사를 받고 25일 결과가 나올 때까지 하루 정도는 별다른 이동 제한이 없었다. 따라서 이 사이 노출이 있었다면 추가 감염자가 더 나올 가능성도 있다. 부부와 같은 항공기 승객 45명 가운데 1명(아프리카 차드 방문)도 코로나19 양성 판정을 받았으나 변이 검사 결과 오미크론이 아닌 델타 변이로 확인됐다. 당국은 부부가 거주하는 연립주택의 다른 거주자 8명의 접촉력은 확인되지는 않았지만, 선제검사를 진행하고 있다고 밝혔다.

당초 40대 부부는 일반 코로나19 확진자로 분류됐지만, 지인이 확진된 뒤 당국이 진행한 변이 PCR 검사에서 오미크론이 의심됐다. 이에 따라 부부와 관련된 확진자 전원에 대한 전장 유전체 검사가 이뤄졌다. 오미크론 감염자들의 증상에 대해 박영준 중앙방역대책본부(방대본) 역학조사팀장은 “인지 단계부터 오미크론 변이가 기타 감염과 증상으로 구분할 수 있을 만한 특별한 점은 현재까지 보고된 바 없다”고 밝혔다.

일본 1호 오미크론 확진자인 나미비아 외교관이 인천공항을 경유해 일본에 도착한 것으로 확인돼 추가 전파 가능성이 커졌다. 일본 언론에 따르면 해당 외교관은 지난달 27일(현지시간) 에티오피아 수도 아디스 아바바에서 출발한 비행기에 탑승해 다음 날 오후 인천공항을 거쳐 일본 나리타 국제공항에 도착했다. 이 과정에서 외교관이 비행기에서 내려 한 시간가량 인천공항 내 제한구역에 머문 것으로 추정된다. 같은 항공기 탑승자 41명을 추적 관리 중으로, 입국 후 1일 차 PCR 검사에선 아직 추가 확진자는 확인되지 않았지만 향후 감염자가 추가될 수 있다. 공항 내 노출 상황도 당국은 조사 중이다.

지역사회 곳곳에 이미 오미크론이 퍼졌을 가능성도 있다. 김우주 고려대 구로병원 감염내과 교수는 “11월부터 단계적 일상 회복(위드 코로나)에 들어가면서 방역의 빗장이 풀렸고, 여행객도 늘어 이미 (오미크론이) 들어와 있을 수 있다”며 “11월 해외 입국자들 대상 전수 전장 유전체 분석을 진행해 현황 파악을 해야 한다”고 말했다.

정기석 한림대 성심병원 호흡기내과 교수는 “사실상 (오미크론 방역망이) 뚫렸다고 봐야 하는데 더는 확산하지 않도록 막는 것이 중요하다”고 말했다.

더욱 심각한 문제는 국내 신규 확진자가 폭발적으로 늘고 있다는 점이다. 1일 방대본에 따르면 이날 0시 기준 신규 환자는 사상 처음 5000명대인 5123명을 기록했다. 위중증 환자도 하루 새 62명 늘어 700명대(723명)에 들어섰다. 사망자도 34명 추가됐다. 지난해 연말보다 훨씬 심각한 상황이다(중앙일보 2021.년12월 02일 황수연, 이우림기자 참고).

그나마 다행인 것은 기존의 백신을 2차 접종까지 마친 환자 대부분이 심각한 증상을 보이는 경우가 드물다는 것이다.

미. 중 전쟁 확대와 전염병의 악순환(vicious cycle)

2018년 9월 14일에 시작된 미. 중 무역전쟁이 우여곡절 끝에 2020년 1월 15일 소위 "small deal"이라는 별칭으로 1차 마무리되어 화해의 분위기로 갈 가능성도 있었으나 2019년 말에 발생한 전염병의 발병원인에 대한 미국과 중국 사이의 공방전과 전염병으로 인한 미국인을 포함한 엄청난 사망자 발생 등이 미국과 중국 사이의 불신을 증폭시킴으로써 미. 중 사이에 기왕에 맺은 "small deal"인 1차 합의서도 자칫 휴지조각으로 전락할 가능성이 높아지고 있다. 즉, 미국 Joe Biden 대통령이 추진하는 세계경제공급망 재편성에서 중국을 배제함으로써 중국경제를 고사시켜 중국의 국력을 최대한 약화시키려는 의도를 노골적으로 표현하고 있는 것이다. 이와 함께 중국의 시진핑 주석도 임기제한을 철폐하고 종신제를 신설함으로써 사실상 일당독재에서 일인독재로 더욱 강화되면서 일인 장기집권이 가능한 일인 독재체제로 전환함과 함께 제4차 산업을 이용한 국민에 대한 철저한 감시와 국가와 국민과 국가보다 일인, 일당의 장기독재가 우선이며 경제발전은 후순위로 둠으로써 모택동 시대의 문화혁명을 연상하는 고립주의로 전환하고 있는 모습이다.

국제정치 환경의 급변과 미. 중 전쟁의 장기화

미국의 중국에 대한 고립화 전략

세계은행(World Bank)의 자료에 따르면, 개방 직전인 중국의 1인당 GDP가 1971년 US 118$에서 2020년 현재 1인당 GDP US 10,500$로 발표되었는데, 중국의 시진핑 주석이 자신의 일인 장기집권을 위하여 폐쇄적인 경제정책으로 전환하고 지금까지와는 달리 세계적인 공급망에서 중국이 이탈한다면, 수년 내에 10,000US$ 이하로 하락할 가능성이 높다. 만일 이러한 상황이 현실화한다면, 중국의 산업이 대부분 붕괴될 가능성이 크고 중국경제가 크게 후퇴되면서 중국인의 빈부격차 확대는 중앙정부에서 통제할 수 없을 정도로 빠르게 진행될 것이다.

그동안의 미. 중 협상과정에서 들어난 중국의 행태는 중국인의 삶과 국가 경제에 대한 관심보다는 소수의 집권 세력에 대한 단견적인 정치권력 강화와 확대에만 관심을 표명하고 있기에 미국의 정치적, 경제적 압박에 대한 반작용으로 폐쇄적이고 국수적인 행태를 노골적으로 보일 가능성이 매우 높아 미국과의 "1차 small deal"조항에 대한 이행도 더 이상 관심을 보이지 않을 것이다.

신냉전체제로의 확대

3년이 지난 이 시점에서 돌이켜 보면, 2018년 9월 14일에 시작한 미. 중 무역전쟁은 WTO가입 이후 중국은 미국에 대한 과다한 무역흑자와 지적재산권의 탈취, 국영기업에 대한 과다한 차별대우 등으로 상대적으로 분쟁의 책임이 더 많고 경제적 약자인 중국이 적절하게 양보하면서 빨리 종결하는 것이 서로에게, 그리고 세계경제를 위하여 보탬이 되는 길이었으나, 경제적 실리보다는 대외적인 체면과 독재정권의 안위,

시진핑 주석의 장기집권 강화 등의 비경제적 측면에 더 집중한 탓에 지금까지 지속된 것이며 이 과정에서 미국의 대통령선거에서 Joe Biden대통령으로 정권이 바뀌었고, COVID-19전염병의 세계적인 확대와 장기화, 발병원인에 대한 중국의 비협조와 미국으로의 책임 전가, 티베트의 위구르민족에 대한 중국 독재정권의 인권탄압에 대한 세계적인 분노했고 -이 부분은 미국의 여론이 주도한 것으로 보이지만- 홍콩에 대한 강제적 정치체제 전환, 대만과 남중국해에 대한 무력 압박, 남중국해에서의 인공섬 건설과 군사기지화, 일대일로 산업을 통한 중국의 후진국에 대한 다양한 행태의 경제적 착취, 경제적 힘을 과시한 다수의 국가들에 대한 국제법을 무시하는 물리적 압박, 필리핀 국토의 강제 점령과 군사기지화 추진, 국제사법재판소의 판결에 대한 일방적 무시 등과 무력행사를 통한 타이완의 강제점령 시위 등으로 인하여 최근에는 중국에 대한 세계적 분노와 혐오감이 급증하면서 미. 중 무역분쟁을 넘어선 유럽국가 등이 가세한 자유체제와 중. 러의 독재체제 사이의 대립으로 확대된 양상이다.

또한, 뉴욕증권시장에 상장된 제4차 산업에 관련된 알리바바, 텐센트 등의 중국기업에 대한 중국정부의 강압적인 경영권탈취 등으로 인하여 중국에 진출한 다국적 기업과 자본의 탈 중국화가 가속화되면서 세계경제에서의 중국risk가 현실화되고 있는데 세계에서의 신뢰를 잃어가고 있는 중국이 내수경제에 집중하는 쇄국정책으로 전환한다면 - 이미 진행하고 있는 것으로 보이지만 - 중국경제의 후퇴 가능성은 높다. 뿐만 아니라, 그동안 급속히 성장한 중국경제가 세계 경제에 차지하는 비중으로 인하여 침체된 세계 경제의 장기화는 향후 5년 이상 지속될 것으로 예상된다.

미국의 입장에서 보면, 중국의 시진핑 주석이 1970년대에 시장을 개방하면서 등소평이 언급한 것으로 알려진 "도강양회" 전략을 버리고 세계를 1당 독재국가의 지배하에 두겠다는 속셈을 노골적으로 드러내어 미국과 영국을 비롯한 자유 진영의 군사적 단결과 세계경제공급망에서 중국을 배제하는 경제전략을 촉진토록 하였다.

중국의 세계공급망 축출과 타이완의 부상

그동안 세계적인 생산기지로서 세계공급망에서 중요한 경제적 역할을 하면서 중국이 세계경제규모 2위로 부상하였으나 미국과의 무역전쟁이 장기화되고 세계패권전쟁으로까지 확전되고 Joe Biden 대통령이 "중국은 믿을 수 없는 국가"라고 노골적으로 언급하면서, 미국이 "자유세계와 독재국가"의 프레임으로 중국을 국제사회에서 축출하기 위한 전략의 하나로 경제의 세계공급망에서 퇴출시키는 전략이 본격화하고 있다. 이 과정에서 그동안 "하나의 중국"이라는 국제정치적 역학관계 때문에 국제사회에서 정치적으로 고립되어 왔던 타이완이 자연스럽게 자유세계의 첨병 역할을 하게 되면서 미국과의 관계에서 경제적으로도 반사이익을 보고 있는 것으로 나타나고 있다. 즉, 베트남을 제치고 미국의 제9대 교역국으로 급부상하고 있는 것이다.

이와 관련해 12월5일(현지 시각) 월스트리트저널(WSJ)은 미 상무부 · 통계국 자료를 인용, 타이완이 미국의 8번째로 큰 교역 상대로 부상했다고 보도했다. 미국 정부통계에 따르면 타이완은 미국과 교역 규모 순위에서 베트남을 제치고 8위에 올랐고, 영국도 바짝 추격하고 있다고 밝혔다. 미국의 최대 교역국은 멕시코이고 캐나다와 중국, 일본,

독일, 한국, 영국이 뒤를 잇고 있으며 타이완의 뒤에 베트남과 인도가 있다.

WSJ에 따르면 지난 9월까지 최근 1년간 타이완 상품의 미국 수출액은 720억 달러(약 85조 1천760억 원)로 사상 최고치를 기록했다. 같은 기간 미국의 타이완 수출은 347억6000만 달러(약 41조1000억원)였다.

이처럼 타이완의 대미(對美) 수출이 늘어난 이유는 크게 네 가지로 볼 수 있다.

미 · 중 갈등으로 전임 트럼프 행정부가 중국산 제품에 고율 관세를 부과하면서 타이완이 반사이익을 보게된 것이 첫째 이유다. 트럼프 행정부는 2018년 7월 중국산 제품에 25%의 관세를 부과했고, 조 바이든 행정부는 이 조치를 이어받았다. 다수의 미국 기업들은 관세 장벽을 피하기 위해 수입선을 다변화에 주력했고, 그 과정에서 타이완과 거래가 늘어난 것이다.

실제로 앞서 언급한 지난해 10월~올해 9월까지 타이완의 대미 수출액 719억6000만 달러는 트럼프 전 행정부가 중국에 고율 관세를 부과하기 이전인 2017년과 비교했을 때 약 70% 증가한 수치다. 같은 기간 타이완이 미국으로부터 수입한 총액도 35% 증가했다.

중국에 공장을 설립해 미국에 납품하던 타이완계 회사들이 관세를 피해 대거 타이완으로 '유턴'한 것도 미 · 타이완 통상 강화의 원인으로 꼽힌다. 일례로 미국의 유통업체인 홈디포 · 로우스 등에 금속 하드웨어 등을 납품하는 타이완 기업 JC 그랜드는 지난 20년간 중국 저장성에서 주로 제품을 생산했지만, 미국의 대중 관세 부과 이후에는 대미 수출 물량 거의 대부분을 타이완에서 생산한다.

이와 관련해 앤드루 와일갈라 주타이완 미국상공회의소 회장은 "타이완 정부는 과거 수많은 타이완 기업들이 중국 본토로 빠져 나가는 것을 지켜볼 수밖에 없었는데 지금은 다시 이들을 데려올 기회를 잡았다"고 말했다.

코로나 팬데믹(대유행)으로 전 세계적인 반도체 공급 부족 사태가 장기화한 것도 타이완의 대미 수출량 증가를 불렀다. 세계 최대 반도체 파운드리(위탁 생산) 업체인 TSMC를 보유한 타이완이 미국의 중요한 반도체 공급처로 떠올랐기 때문이다. 실제로 미국이 지난 1년간 타이완으로부터 가장 많이 수입한 품목이 반도체다. 타이완산(産) 컴퓨터 · 컴퓨터 부품 · 통신 설비 등의 대미 수출도 지난 1년간 급격히 늘었다.

중국의 위협에 대응하기 위해 타이완 정부가 의도적으로 미국과 경제적 유대를 강화하려 노력한 측면도 있다. 미국의 타이완산 상품 수입을 늘리는 동안 타이완 또한 미국으로부터 석유와 기계 부품, 자동차 수입 등을 늘린 것도 그런 노력의 일환으로 볼 수 있다. 타이완은 석유의 중동 의존도를 낮추고 수입 다변화를 추구하고 있는데, 외교 · 안보 영역에서 협력을 확대하는 미국이 그 대안이 된 것이다.

지난달 23일에는 '제2차 경제번영 파트너십 대화(EPPD)' 화상 회의에서 미국과 타이완이 반도체 공급망 문제 해결을 위해 협력하고, 중국의 경제 압박 대응책을 논의하기도 했다. 미국과 타이완은 지난 6월에는 2016년을 끝으로 5년간 중단된 무역투자기본협정(TIFA) 협상도 재개했다. TIFA는 FTA의 전 단계로, 이를 체결하면 미국이 타이완을 국가로 인정한다는 의미로 해석할 수 있다(조선일보 2021.12.07 이용성 기자 참고).

지금 시점에서 세계경제 제2위이면서 세계의 제조공장 역할을 하여왔던 중국경제의 세계경제의 공급망에서의 축출은 세계경제에 부정적인 효과를 발생시킨다는 것은 분명하다. 그러나 독재국가인 중국의 경제가 온갖 불법적이고 부정한 경제행위를 통하여 지금보다 훨씬 더 강력한 국가로 성장하는 것은 지금의 우리가 상상하기 힘든 엄청난 불행을 세계에 가져올 가능성이 매우 높기에 지금의 시점에서 중국경제를 세계 경제 공급망에서 축출시키는 것이 결과적으로 우리 모두에게 득이 될 것이다. 최근에 밝혀지고 있는 독재국가인 중국의 또 다른 인권침해 행태를 언급하자면, 중국정부는 미국의 기업인 Apple이 중국시장에 진출하려고 하자 중국정부가 Apple에 압력을 행사하여 비밀계약을 맺고 Apple에게 사업에 대한 특혜를 제공하였는데 Apple은 중국 내에서 Apple의 Smartphone을 사용하는 사용자의 사용 내역을 중국 정부에 모두 제출하면서 비밀번호를 해제하는 방법까지 송두리채 제공한 것이었다. 중국 정부는 이 정보를 이용하여 Apple의 전화기를 이용하는 사용자의 모든 행위를 철저하게 감시하는 것이다. 이것은 중국독재정권의 인권침해 행태와 Apple의 탐욕이 함께 협잡하여 이루어 진 것이다. 그동안 Apple은 미국 정부가 요구하는 많은 사상자를 일으킨 테러범 전화기의 암호도 고객정보보호를 이유로 제출하지 않은 회사였다. 역으로 보면, 중국 정부의 엄청난 압박과 그 압박에 굴복한 Apple의 사업행태를 적나라하게 보여 준 것인데, 중국독재국가의 불법적이고 비인도적인 행태를 세계인의 안전을 위해서라도 더 이상 용납해서는 안될 것이다.

미. 중 사이의 물리적 전쟁 가능성

타이완을 두고 예민한 신경전을 벌리고 있는 미. 중 사이의 갈등이 미국과 중국 사이의 직접적인 군사적 충돌까지 갈 가능성이 낮지만, COVID-19의 장기화와 미국의 다양한 협박으로 인하여 중국경제가 후퇴되고 빈부격차까지 겹치면서 중국국민의 불만이 증폭되어 중국 공산당권력이 약화될 우려가 발생하면 내부의 불만을 외부로 전환시키기 위한 전략적 판단으로 타이완공격이라는 소규모의 국지전이 발생할 가능성이 있고, 신장의 위구르민족에 대한 인권탄압의 결과로 이슬람세력이 결집하여 위구르 독립을 위한 국지전이 발생할 가능성이 있다.

물론, 중국의 의도와 달리 이 두가지 상황이 달리 동시에 발생할 가능성도 상존하고 있으며, 이러한 상황을 자칫 잘못 대응할 경우 중국공산당의 세력이 급격히 약화될 가능성이 높기에 아직은 진행상황을 더 지켜보아야 할 것이다.

제7장 중국의 외환위기 가능성과 빈부격차의 확대

COVID-19 전염병으로 인한 중국의 총부채 비율 상승

국제결제은행(BIS)에 따르면, 2008년 국내총생산(GDP) 대비 정부 부채비율이 76.5%였으나 2019년에는 109.1%로 증가했다. 신흥국의 경우에도 기업 부채가 급증했다. 같은 기간 신흥국의 GDP 대비 기업 부채 비율이 56.0%에서 100.7%로 증가했다. 특히 중국의 기업 부채 비율은 2008년 93.9%에서 2019년 149.3%로 높아졌다.

가계부채는 안정적이었다. 2008년 GDP 대비 59.9%였던 가계 부채비율이 2019년에는 61.6%로 소폭 증가에 그쳤다.

COVID-19 전염병의 충격을 극복하기 위해 자금을 대거 풀면서 작년 중국의 빚이 글로벌 금융위기 당시인 2009년 이후 가장 빠른 속도로 늘어난 것으로 나타났다.

10일 평파이(澎湃) 등에 따르면 중국 사회과학원 산하 싱크탱크인 국가금융발전실험실(NIFD)은 최근 펴낸 연간 보고서에서 2020년 말 기준 중국의 총부채 비율(정부, 비금융 기업, 가계 합산)이 270.1%로 전년 말보다 23.6%P 상승했다고 밝혔다.

부채의 상승 폭은 글로벌 금융위기 속에서 중국이 경기를 살리고자 돈을 급격히 풀던 2009년의 31.8%P 이후 가장 높은 수준이다.

2020년 상승 폭을 분기별로 보면, 코로나19의 충격이 가장 컸던 1분기 13.9%로 가장 높았고 2 · 3 · 4분기는 각각 7.2%P, 3.6%P, -1.1%P로 점차 낮아졌다.

NIFD는 "2020년 여러 나라가 일련의 통화 완화 정책을 시행해 세계적으로 총부채 비율이 높아졌다"며 "우리나라의 경우 상승 폭이 큰 가운데서도 적절하게 관리된 것으로서 비록 상승했지만 2009년의 상승폭보다는 낮았다"고 밝혔다.

이 기관은 특히 작년 4분기에는 소폭이나마 총부채 비율이 낮아졌다면서 이는 '부채 감축'(디레버리징) 추세가 이미 다시 나타난 것으로서 이를 통해 안정적 성장과 금융 위험 방지 사이에서 균형을 추구한 것으로 볼 수 있다고 평가했다.

중국의 작년 총부채 비율 상승은 COVID-19 전염병의 충격에 대응해 통화 · 재정 정책을 아우르는 고강도 경기 부양책을 펼친 결과다.

인민은행은 작년 연초부터 수차례에 걸쳐 지급준비율과 정책 금리를 인하하고 저리 정책 자금을 대규모로 공급했다.

작년 말 기준 사회융자 잔액은 284조 8천 300억 위안으로 전년보다 13.3% 증가했다. 사회융자는 금융 기관의 대출에다가 정부와 기업의 채권 발행 등까지 더한 포괄적 유동성 지표다.

COVID-19 확산 저지 성과의 뒷받침 속에서 경기 부양책이 일정한 효과를 거둬 중국은 작년 세계 주요국 가운데 보기 드문 플러스 성장을 이뤄냈다, 물론, 중국 정부의 발표를 액면 그대로 믿을 국가들이 더 이상 많지 않을 것이다. 돈을 풀어 일단 급한 불을 껐지만, 중국에서는 다시 잠재적 경제 뇌관으로 거론되는 부채 우려가 점증하고 있다.

시진핑(習近平) 국가 주석을 중심으로 현 중국 지도부는 집권 이후 부채 감축을 통한 선제적 위험 제거를 핵심 경제 정책 목표로 삼았는데 그간 이뤄낸 부채 감축 성과가 COVID-19 전염병 충격으로 급격히 약화한 것이다.

전문가들 사이에서는 다시 부채 우려가 점증하는 가운데 중국은 비상시기 통화 정책을 정상 시기의 통화 정책으로 전환하는 '출구 전략'을 모색 중이다.

최근 인민은행 통화정책위원인 마쥔(馬駿) 칭화대 금융·발전연구센터 주임은 공개 포럼에서 중국이 빚이 빠르게 증가하는 문제를 심각하게 바라봐야 한다고 경고하면서 통화 팽창을 적절히 통제해야 한다고 강조했는데 이는 중국 경제계에서 큰 주목을 받았다.

실제로 인민은행은 전통적으로 춘제(春節·중국의 설) 연휴 직전에 기업과 개인의 자금 수요가 급증하는 춘제를 앞두고 여러 통화 정책 도구를 활용해 유동성 공급을 늘려왔지만, 올해는 춘제를 앞두고 유동성의 고삐를 강하게 조이고 있다.

다만, 중국 경제가 전체적으로 회복 추세를 보이고는 있다. 하지만 중소기업과 개인사업자 등 많은 중국의 경제 주체가 COVID-19 전염병의 충격에서 벗어나지 못한 상황이어서 인민은행은 통화 정책 정상화 시행 시점과 강도를 놓고 고심하는 모습이다.

이강(易綱) 인민은행장은 지난달 26일(현지시간) 다보스 어젠다 회의 연설에서 "지원성(부양성) 정책을 너무 빨리 퇴출하지는 않을 것"이라며 그는 경기 회복 지원과 금융 위험 방지라는 양대 목표 사이에서 균형을 찾는 것이 중요하다고 강조했다(연합뉴스 2021년 02월 10일 기사 참고).

여기에 더하여 내가 이미 언급한 것처럼, 미국을 비롯한 세계의 많은 국가들이 중국에 대한 해외자산을 동결하면서 COVID-19 전염병에 대한 책임을 요구하며 배상청구를 시작할 경우에는 미. 중전쟁과 맞물려 있어, 중국의 위안화가 아직 세계화폐로서의 위치를 확보하지 못한 이유 등으로 인하여, 중국의 국가부도가 발생할 가능성이 다른 어느 국가보다도 높을 것으로 예상되며, 이로 인한 세계경제의 또 다른 악영향이 연쇄적으로 발생하게 될 것이다.

이하의 자료를 보면, 중국기업들의 부채 규모는 COVID-19 전염병 이전부터 위험수위에 이르고 있었으며 지금은 한계점으로 이르렀을 것으로 예상된다. 그 단적인 예가 앞으로 언급할 헝다그룹인 것이다.

중국 부채 급증…GDP 대비 총부채 255.7%, 기업 부채 164.1%

중국의 GDP 대비 총부채 비율은 255.7%로 이 가운데 같은 기간 가장 크게 부채가 급증한 분야가 바로 기업 부채이다. 2008년 96.3%였던 GDP 대비 기업부채 비율은 2017년 기준 160.3%로, 가계부채나 정부부채 증가율에 비교해 가장 크게 올랐다. 2018년 1분기 기준으로 기업부채 비율은 164.1%까지 올랐다.

특히 부동산 버블을 이끌었던 부동산 기업들은 심각한 부채 위험에 직면해 있다. 여기에 더해 중국 정부가 많은 중국기업들의 숨겨진 부채를 제대로 파악하지 못하고 있어서 통계에 잡히지 않은 기업부채까지 합하면 그 규모는 훨씬 크다는 분석이다. 부채비율이 높은 상태에서 미 · 중 무역전쟁으로 공장 가동률이 떨어지면 당연히 빚을 감당하기가 갈수록 어려워지게 된다.

국제금융협회 소냐 기브스 선임디렉터는 "자본시장에 대한 제한없는 접근이 수십년간 큰 변화를 불러왔다. 단지 기업만이 아니라 정부의 우발채무에 관련해서도 변화가 있었다"고 지적했다. 그는 그러면서 "해당 국가들의 경제가 불황으로 돌아서면 많은 빚을 지고 있는 기업들이 지불에 큰 어려움을 겪을 것이다"라고 경고했다.

이 같은 부채의 증가는 세계 경제가 침체로 빠져드는 데에서 벗어나게 도와줬지만, 각국 금융정책당국에겐 향후 금리를 올리는 데 부담이 되는 큰 빚을 남겼다. 통상 경제상황이 나빠지면 소비자는 소비를 줄이고, 기업은 연구투자나 설비투자를 줄인다. 경제를 살리기 위해서는 가계와 기업에서 돈을 쓰도록 해야 하는데 이 같은 부채는 결국 가계와 기업이 돈을 쓰는 것을 두렵게 만드는 요인으로 작용한다.

국제금융협회 "국제적으로 부채 심각하다"

국제금융협회 소냐 기브스 국제자본시장 선임디렉터는 "국제적으로 부채가 심각하게 높은 수준이다"라면서 "중앙은행들이 기준금리를 조정할 때 부채비율을 고려해야 한다. 훨씬 더 폭넓은 경제 분야에 충격이 있을 것이다"라고 지적했다. 영국이나 캐나다, 호주의 중앙은행들은 금리 인상 뒤 소비자들이 기대했던 것보다 더 타격을 받자 금리인상 기조를 철회해왔다.

영국 중앙은행은 지난해 8월부터 지금까지 기준금리를 연 0.75%로 유지하고 있다. 캐나다 중앙은행은 2년연간 기준금리를 5차례 인상했다가 지난해 10월부터 연 1.75%로 금리를 동결하고 있고, 호주 중앙은행도 사상 최저 수준인 연 1%로 동결중이다.

영국중앙은행 마크 카니 총재는 지난 2월 한 연설에서 "세계는 정교하게 깨지기 쉬운 평행상태를 유지하고 있다"며 "부채부담의 지속가능성은 낮게 유지되는 금리에 달려 있고, 국제 무역이 보호무역이 아닌 개방무역 상태로 있어야 한다"고 말했다.

이 말은 다시 말해 미·중 무역전쟁 와중에 미국이나 중국이 보호무역을 강화하거나 금리가 오름세로 돌아서게 되면 각국 정부나 가계, 기업들이 가진 부채가 일종의 방아쇠가 될 수 있다는 경고로 해석된다.

1997년 IMF 외환위기 당시 우리나라 기업들의 자기자본 대비 부채비율은 평균 396.3%, 많게는 2,000%로 한꺼번에 빠져나가는 대출자금 회수에 대응하지 못하고 무너졌었다. 위기 이후 우리나라 기업들은 부채위험에 대한 경각심이 높아져 어느 정도 방어선을 구축했다고 볼 수 있다(KBS 뉴스 2019년 9월 18일 참고).

중국 저임금 끝난 것도 불안 요인

과다한 부채가 경제 위기를 초래했다는 것은 역사적 사실이다. 세 가지 요인이 발생하면, 이번 부채 증가도 극심한 경기침체나 금융위기를 초래할 수 있다.

첫째, 물가 상승에 따른 금리 인상이다. 2008년 이후 전 세계 중앙은행이 대규모로 돈을 찍어냈음에도 불구하고 현재까지 물가가 안정된 이유는 세계 경제가 능력 이하로 성장했기 때문이다. 예를 들면 2012~2019년 미국의 실제 GDP가 미 의회가 추정한 잠재 GDP보다 평균 1.6% 낮았다. 그만큼 수요가 부족했다는 의미다. 공급 측면에서는 중국이 2001년 세계무역기구(WTO)에 가입한 이후 저임금 등 낮은 생산비용으로 상품을 생산해 세계에 공급해준 것도 물가안정 요인으로 작용했다.

그러나 각국의 과감한 정책 효과로 2022~2023년에는 실제 GDP가 잠재 수준에 접근할 수 있다. 중국의 임금도 오르면서 이전과 같이 세계에 상품을 저렴하게 공급할 수 없게 됐다. 물가가 오르면 시장금리가 먼저 상승하고 각국 중앙은행도 금리를 인상할 수밖에 없을 것이다. 평균물가목표제를 도입하기로 한.미 연준의 인내심에도 한계가 있을 것이다.

둘째, 세계 수요가 충분히 회복되기 전에 기업 구조조정이 먼저 진행될 수 있다. 현재 주요 산업에서 공급 초과 현상이 지속하고 있다. 고용 문제를 고려해 각국 정부가 기업 구조조정을 미루고 있지만, 경제가 어느 정도 회복되면 시장 상황에 맡길 수 있다. 정부 지원으로 간신히 수명을 연장하고 있는 좀비 기업들의 구조조정이 급격하게 진행될 가능성이 크다.

셋째, 자산 가격이 본격적으로 하락할 경우 투자자들의 위험 기피 현상이 나타나면서 금융위기가 올 수 있다. 초저금리와 양적 완화에 따른 풍부한 유동성으로 주식·부동산 등 각종 자산 가격에 거품이 발생하고 있다. 이 거품이 붕괴할 조짐을 보이면, 부채가 많은 국가로부터 자금이 유출되기 시작할 것이다. 기업이나 가계 부채가 높은 신흥시장에서 그런 현상이 먼저 나타날 가능성이 크다.

이번 부채 규모가 그 어느 때보다 크고 증가 속도가 빠른 데다가, 광범위하게 존재하기 때문에 과거에 경험하지 않았던 충격이 글로벌 경제나 금융시장에 올 수 있다. 그 시기가 2~3년 이내일 수도 있다(연합뉴스 2021년 02월 10일 기사 참고).

중국의 위기는 이제 시작에 불과하다.

세계경제에서 워낙 중요한 국가이고, 현재 중국의 경제규모가 세계경제 2위라는 위치를 감안할 때 중국의 경제악화는 세계경제의 악화로 즉시 이어질 수 있다. 최근에는 중국이 보유하고 있는 외화 보유 규모도 전문가들이 예상하는 규모보다 낮은 것으로 파악되었으며, 특히 2021년 1사분기의 물가상승율이 9%대로 발표한 바 있는데, 이것은 COVID-19전염병과 미국과의 다양한 대결 등으로 인한 중국 내부의 재정과 금융위기의 전조로 볼 수 있을 것이다. 더구나 최근에는 미국과의 무역분쟁도 버거운 상태에서 유럽국가들과 캐나다가 가세하여 중국제품에 대하여 부여하였던 관세우대제도인 일반특혜관세(GSP, Generalized

System of Preferences)를 철회하여 중국의 경제에 대한 부정적인 영향을 가중시키고 있다.

중국의 물가 상승과 경제 침체

이는 세계 금융시장을 불안하게 할 수 있으며 중국의 위기로 인하여 세계경제가 예상보다 훨씬 긴 장기침체를 일으킬 수 있는데 특히 중국과의 무역의존도가 높은 독일이나 이탈리아, 한국과 같은 국가의 경제에 대한 부정적인 충격은 다른 국가들보다 훨씬 클 것으로 보인다. 그러나, 이 충격을 어떻게 최소화 할 수 있는가가 문제일 뿐이지, 무역과 제조공장으로서의 중국에 대한 의존도가 높았던 미국을 비롯한 세계 대부분의 국가들이 중국의 경제위기로 인한 세계경제의 충격을 한번은 겪어야 할 과정으로 보인다. 최근 미국 등에서 보여주고 있는 여러 요인 중 하나가 세계공급망의 재편과정에서 일어나고 있는 중국으로부터의 공급이 원활하지 않은 것이다.

미국과 중국의 대결

시작은 미중간의 과도한 무역불균형으로 시작하였지만, 그 과정에서 일어난 홍콩 문제, 소수민족 문제, 제4차 산업에 대한 주도권 문제, COVID-19 전염병의 책임과 손해배상 문제, 금융패권 문제, 남중국해에서의 국제분쟁 문제, 국제질서의 주도권 문제 등이 복합적으로 이어지면서 미국은 2020년에 상원외교분과위원회의 연구자료를 근거로 하여 2021년 Joe Biden 대통령이 취임한 후부터 여러 유럽국가 및 일본, 오스트리아, 인디아 등과 함께 중국의 1당 독재정권을 종식시켜야 한다는 단호한 의지를 보이고 있으며, 이로 인하여 2024년으로 예상한 KOVID-19 전염병으로 인한 경기침체의 회복시기가 상당 기간 늦어질 가능성이 높아지고 있는 것이다. 미국이 주도하여 진행되고 있는 중국에 대한 강한 견제는 중국 스스로의 잘못된 행동에서 기인한 것이다. 앞에서 언급한 각종 사건을 보면, 최근 몇 년 동안 중국은 극단적으로 이기적이고 국수주의적이며 불법적인 행동 및 기존의 국제질서와 인간의 고유한 천부 권리인 자유를 파괴하려는 행위를 함으로 인해 세계 각국이 뒤늦게 독재국가로서의 중국의 위험성을 심각하게 느끼기 시작한 것이다.

헝다그룹의 파산, 중국경제 추락의 시작

약 30%의 중국경제를 차지하면서 내수시장을 이끌고 있는 건설과 부동산시장의 급격한 하락은 중국의 금융시스템을 마비시키며 중국경제의 추락의 단초를 제기할 것이며 수 많은 실업자가 발생하면서 소득 불평등을 악화시킬 가능성이 매우 높은데, 중국 2위 부동산 업체 헝다(에버그란데)가 사실상 채무 불이행(디폴트) 초읽기에 들어갔다. 중국 당국은 헝다의 디폴트가 현실화하더라도 '개별 사건'에 불과하다며 애써 의미를 축소하고 있지만, 시장에서서는 헝다 파산 이후의 후폭풍에 대한 우려가 점차 커지고 있다.

헝다는 지난 3일 밤 홍콩증권거래소에 2억6000만달러(약 3075억원)의 채무보증 의무를 다하지 못할 수 있다고 공시했다. 사실상 디폴트 가능성을 스스로 시인한 셈이다. 다만 헝다 측은 관련 채무가 무엇인지, 상환 데드라인이 언제까지인지 등 구체적인 사항은 언급하지 않았다.

이 채무는 헝다 관계사인 홍콩 쥐샹과 관련된 것이라는 사실이 시장의 공통된 분석이다. 쥐샹은 지난 10월 2억6000만달러 규모 채권을 상환하지 못했다. 헝다는 이 빚에 대한 보증을 섰다.

외신에 따르면 당시 헝다는 쉬샹 채권자들과 협상을 벌여 내년 1월까지 빚을 갚기로 합의했었다. 하지만 이번 공시를 보면 해당 채권자들이 헝다에 즉시 채무 상환을 다시 요구한 것으로 보인다.

헝다가 이 빚을 갚지 못한다면 공식 디폴트가 선언되고, 이는 다시 대규모 연쇄 디폴트 사태로 이어질 가능성이 높다. 헝다가 디폴트를 선언하면 만기가 남은 나머지 전체 달러 채권자들이 헝다에 조기 상환을 요구할 수 있기 때문이다. 현재 만기가 남은 헝다의 달러 채권 규모는 192억3600만달러(약 22조7000억원)에 달한다. 게다가 달러 채권은 헝다의 전체 부채에서 일부에 불과하다. 지난 6월 말 기준 헝다의 총 부채는 1조9665억위안(약 365조원)에 달한다. 헝다의 부채는 중국 내 은행 등 금융권 대출, 위안화 채권, 그림자 금융 상품, 달러 채권 등으로 구성돼 있는데 그나마 달러 채권이 가장 투명하게 시장에 공개돼 주로 이슈가 되고 있지만 다른 부채들도 상환하는 데 어려움을 겪고 있다. 헝다는 쉬자인 회장이 지난 7월 이후 사재 70억위안(약 1조3000억원)을 털고 자회사 지분과 제트기 등을 매각해 세 차례에 걸쳐 디폴트 직전에 가까스로 위기에서 벗어났다. 하지만 이번엔 헝다 스스로 공시를 통해 부채 상환에 어려움을 토로한 만큼 과거보다 공식 디폴트 우려가 더 커졌다는 평가가 나온다. 중국 현지 매체 21세기 경제는 "헝다그룹의 유동성 위기가 결정적인 단계를 맞고 있다"고 진단했다.

헝다가 사실상 디폴트 '카운트다운'에 들어가자 중국 당국의 움직임도 빨라지고 있다. 헝다에 대한 일차적 관리 책임을 맡고 있는 광둥성 정부는 3일 밤 쉬 회장을 긴급 소환해 면담하고 '헝다의 요청'이라는 명분을 앞세워 실무팀을 헝다에 상주시키며 직접적인 위기관리에 나섰다.

광둥성 정부는 헝다그룹 자회사인 헝다물업 지분 등을 매각해 유동성 위기 극복에 나설 계획인 것으로 알려졌다. 하지만 시진핑 중국 국가주석의 공동부유 기조 속에 부동산 규제가 계속 이어지는 상황에서 헝다가 천문학적인 부채를 결국 감당하지 못할 것이라는 비관적 관측이 지배적이다.

중국 당국도 헝다의 파산 절차 돌입에 대비해 시장을 안정시키려는 메시지를 쏟아내고 있다.

인민은행은 3일 밤 성명에서 "헝다 위기는 경영을 제대로 하지 못하고 맹목적으로 사업을 확장한 데서 비롯됐다"며 "개별 부동산 기업의 위험이 시장의 정상적인 대출 기능에 영향을 끼치지 못할 것"이라고 밝혔다. 그러면서 "최근 국내 부동산 판매와 토지 구매, 자금 조달 등은 정상으로 돌아오고 일부 투자자는 부동산 기업 달러채를 구입하기 시작했다"고 덧붙였다.

중국 은행감독관리위원회도 헝다의 전체 채무 중 금융권 부채가 3분의 1가량에 그치고 구조적으로도 분산돼 있다면서 헝다 사태가 금융권의 정상적 운영에 큰 영향을 끼치지는 않을 것이라고 강조했다.

하지만 시장에서는 헝다 사태 후폭풍이 만만치 않을 것이라는 시각이 지배적이다. 당장 부동산 개발 업체들의 연쇄 도산이 우려된다. 당장 중국 25위 규모인 부동산 개발 업체 자자오예(카이사)의 파산이 불가피한 상황이다. 7일 4억달러(약 4700억원)의 달러 채권 만기가 돌아오는 자자오예는 18개월 지급 유예를 요청했지만 채권 보유자 절반 이상은 이를 거부하고 있다.

중국 부동산 시장 위축이 심해지면 중국 경제의 하방 압력도 커질 수밖에 없다. 중국 국내총생산(GDP) 중 거의 30%를 차지하는 것으로 추산되는 부동산 산업의 위축은 중국 경제 전반에 부정적인 영향을 미치게 된다. 루이스 쿼즈 옥스퍼드이코노믹스 아시아 연구 책임자는 중국의 심각한 부동산 침체가 이어진다면 내년 4분기 중국 경제성장률이 3%까지 떨어지고, 이는 세계 경제성장률을 0.7%포인트 낮추는 효과가 있다고 전망했다(매일경제 2021년 12월 5일 손일선기자 기사 참고).

이와 함께 인권과 경제적 국제질서 확립을 강조하면서 미국정부가 앞장서서 Microsoft, NIKE와 같은 높은 세계적 시장지배력을 보유하고 있거나 삼성전자나 애플, 하이닉스와 같은 고난도 기술을 보유한 글로벌 기업들에 대한 탈 중국과 미국으로의 생산기지건설을 압박하면서 중국이 글로벌공급망에서 차츰 축출되면서 중국경제의 후퇴는 더욱 빨라질 것으로 예상된다.

미국, 일본, EU 등의 자유세계 국가들의 중국에 대한 세계공급망 축출에 대항하여, 중국은 현재 세계시장에서 장악하고 있는 희토류를 무기화하여 대항할 것으로 예상할 수도 있는데 이 전쟁이 자유세계가 연합한 산업 원자재에 대한 공격으로 이어지면 중국의 몰락이 더욱 빨라질 것으로 보인다. 즉, 중국의 희토류 무기화는 전개될 가능성이 상대적으로 높지 않다.

중국의 소득불평등

중국의 소득수준별 인구 구성(이하는 169.51원:1위안 기준으로 산정)

중국의 인구통계연감 2019년 자료(월 수입기준)를 기준으로 하여 소득수준별 인구 구성을 살펴보면, 월 수입 1,090 위안(184,000원)이하의 소득을 수령하는 중국인은 약 6억명이며 전체인구 대비 43%이다. 2,000위안(339,000원)이하의 소득을 수령하는 중국인은 약3.64억명이며 전체인구 대비 26%이다. 5,000위안 (847,000원)이하의 소득을 수령하는 인구는 약 3.64억명이며 전체인구 대비 26%이다. 5,000위안(847,000원)초과의 소득을 수령하는 중국인은 약 0.72억명이며 전체인구 대비 5%이다. 이상의 자료는 전체 중국인구를 14억명을 기준으로 하여 산정한 것이다. 또한, 소득의 기준은 월소득에서 소득세 등의 직접세와 각종 사회보험료를 차감한 것이다.

한편, 중국의 관영언론 기준으로 보면, 저소득층은 월1,000위안 미만을 지칭하며, 중등소득층은 월2,000위안 이상 5,000위안 미만을 지칭한다. 또한, 중고소득층은 5,000위안 이상 10,000위안 이하이며 고소득층은 10,000위안 초과 소득자를 지칭한다.

중국의 리커창 총리는 2020년 5월 전국인민대표회의 제13기 3차회의에서 "중국은 인구가 많은 개발도상국가이며 중국국민 1인당 평균연봉은 30,000위안(약508만원)인데 한달 수입이 1,000위안(약 169,000원)인 국민이 6억명이나 된다."라고 말했다.

이 기사 내용만 보면, 중국의 집권자들이 주장한 2020년 이내에 "빈곤탈피투쟁"의 목표는 빈곤인구 "0"를 달성하여 중국인이 어느 정도 먹고 살만한 사회" 를 달성한다는 것이었지만, 중국정부가 이 목표를 달성하지 못한 것을 인정한 것이다. 리커창 총리의 발언 근거는 앞에서 제시한 그래프인데 이 자료의 근거는 2018년의 통계수치인 것이다(차이나워커 2020년 11월 24일 기사 참고).

중국의 소득불평등과 주요 국가의 비교

인도, 미국, 러시아, 중국, 유럽의 소득상위 10%가 국가 전체소득에서 차지하는 비중을 비교한 것과 인도, 미국, 중국, 유럽 각국의 소득상위 10%와 하위 50%가 국가소득에서 차지하는 비중을 나타내는 것을 각각 분석하여 비교하면, 각국에 따라서 정도의 차이는 있지만 국민소득이 증가함으로써 소득불평등이 악화되고 있는 현상이 나타난다. 즉, 소득불평등이 국민의 불만으로 이어지는 것은 다양한 요인이 복합적으로 작용하고 있는 것이다. 정치제도, 부정부패, 소득증가에 의한 사회적 신분 상승의 가능성, 문화적 영향, 교육제도에 의한 영향, 각종 사회복지제도 등이 복합적으로 작용하는 것이다.

중국의 경우에는 아래에서 자세히 언급하겠지만, 독재정권이라는 정치제도와 이로 인한 심각한 부정부패와 능력에 의한 신분 상승의 심각한 제한, 비정상적인 사회제도, 예를 들면 농. 민. 공 등에 의한 소득불평등의 고착화가 문제인 것이다(Capital and Ideology Published by Belknap & Harvard 2020 by Thomas Piketty 21, 492 page 참고).

지니계수로 본 중국의 소득불평등

빈부격차를 설명하는데 널리 사용되는 지니 계수의 변화에서도 중국 사회의 빈부격차 확대가 엿보인다. 보통 지니 계수가 0.2이하면 아주 평등한 사회이며 0.2~0.4 사이면 약간 불평등한 사회이고 0.4가 넘으면 불평등이 상당히 심각한 사회로 본다.

1900년대 말까지만 해도 중국의 지니 계수는 위험경계선으로 분류되는 0.4를 넘지 않았다. 하지만 2000년대에 들어서 0.4를 돌파했고, 2012년에는 0.49에 육박했다. 비공식 통계로는 폭동을 유발할 수준인 0.5를 넘는다고 하며, 해외 전문가들 사이에서는 현재 중국의 지니 계수가 0.55선으로 사회 안정이 위협받을 수 있다는 0.6에 근접한 것으로 보고 있다.

베이징대학교가 최근 공개한 '2015년 중국 민생발전 보고서'에 따르면 소수의 부유층이 자산 대부분을 독식하는 등 중국 빈부격차 문제기 심각하다고 보도했다. 보고서에 따르면 중국 상위 소득 1% 가구가 전체 자산의 3분의 1을 차지하고 있는 것으로 조사됐다. 반면 하위 소득 25% 가구의 보유자산은 전체의 1% 수준에 그쳤다.

빈부격차는 사회의 근간을 흔드는 불안 요인이 될 수 있으며, 이러한 문제를 제대로 해결하지 못하면 중국 사회 안정이 흔들리고 향후 중국 발전까지 저해할 수 있다.

중국의 소득불평등의 원인

소득의 불평등을 어느 한 가지 요인으로 특정하기는 매우 곤란하다. 즉, 문화적인 요인, 제도적인 요인, 경제발전 과정에서 발생하는 요인 등의 가시적, 비가시적인 다양한 요인이 복합적으로 작용하여 발생하는 것이다. 다만 여기서 간단하게 언급하자면, 중국 상위 10%의 소득은 하위 10% 소득의 65배에 다다른다. 이처럼 비정상적인 분배의 불평등 현상은 중국사회의 만연한 부정부패와 함께 기득권을 가진 자들은 이익을 독차지해도 저지할 사람이 없기 때문에 나타난다. 일반적으로 하루 지출이 1.25달러 미만이면 극빈층에 속하고 2달러 미만이면 빈곤층에 속하는데, 2005년 중국의 극빈층 이하 인구가 전 인국의 20%를 차지했으며 빈곤층 이하의 인구가 전체 인구의 49%를 점했다. 즉, 중국은 세계적인 빈곤 대국인 것이다.

중국 내 전문가들은 빈부 격차 확대의 이유로 국유기업의 독점체제, 소득재분배 정책 미비 등을 꼽고 있다. 국유기업이나 국유은행 등 고임금 업종은 민간과 지방의 일부 취약 업종에 비해 최고 8배에 이르는 평균임금을 받고 있다. 중국 정부가 빈부 격차를 방관해 왔다는 지적도 많다. 원자바오 총리가 이끌었던 중국정부는 2004년 소득 분배 개혁안을 마련하겠다고 밝혔지만, 현재까지 방안은 나오지 않았다.

소득불평등의 악영향

빈부 격차가 확대되면서 중국 각지에서 군중 시위와 소요가 급증했고 노사 분규도 가파르게 증가하고 있다. 빈부 격차에 대한 반감이 깊어지면서 사소한 사건도 대규모 군중 폭동으로 이어지고 있다. 최근에는 교육이나 의료부분의 혜택 또한 고르게 누리지 못하고 있으며 빠른 경제성장에 따라 도시 간, 동.서부지역 간 격차가 커지면서 교육 불평등이 오히려 심화된 것으로 나타나고 있다(shanghaibang.com 자료 참고).

중국의 경우는 사회보장제도가 선진국에 비하여 완벽하지 못하며, 지나친 중앙집권적 정치제도와 견제 세력이 없는 일당 독재 등으로 인하여 부정부패 수준이 개선되지 못하고 있으며 약 50개 정도의 소수민족을 인종말살 정책 등으로 탄압하면서 지배하고 있기 때문에 자칫 두터운 중산층의 형성이 지연되거나 오히려 약화된다면, 사회적 혼란이 다른 어느 국가보다도 심화될 가능성이 높다.

COVID-19 전염병으로 인한 소득불평등 확대

전염병으로 인한 세계적 경제위기의 발생과 빈부격차의 확대는 중국에만 한정된 문제는 아니며 세계적인 문제이지만, 여기서는 미.중 사이의 갈등으로 인해 중국에서 발생하는 문제를 집중적으로 다루고 있기 때문에 중국에 한정하는 것이고 이와 더불어 중국의 특이한 사회적 현상 때문에 발생하는 문제를 살펴보는 것이다.

돈을 벌기 위해 도시로 이주한 중국 농민공의 삶은 코로나19 사태로 한층 더 피폐해졌다. 공장 폐쇄로 일감이 없어진데다 춘제 연휴가 끝난 후에도 타 지역에서 왔다는 이유로 격리기간 14일 버텨야 했다. 중국 국가통계국이 지난해 4월 발표에 따르면 고향을 떠나 중국 각 도시에서 살아가는 농민공은 2억8836만여명에 이른다.

반면 도시에 거주하는 중국의 중산층들은 대부분 사무직이어서 재택근무 중이다. 외출하지 않고도 각종 생필품을 배달받아 생활에 큰 지장은 없다. 대기업들은 공휴일 연장 기간과 자택근무 기간에도 임금을 그대로 지급한다.

후룬 리포트가 최근 발표한 2020년 세계 부자보고서에 따르면 중국의 10억달러 이상 자산의 억만장자 수는 799명이다. 미국(626명)보다 73명 더 많으며 세계 1위 이다.

그러나 중국의 1인당 국내총생산(GDP)은 지난해 겨우 1만달러 문턱을 넘어섰고, 이는 한국의 3분의 1수준이다. 중국의 빈부격차를 여실히 보여주는 수치다.

시진핑(習近平) 중국 국가주석은 코로나19 영향을 극복해 올해 빈곤타파의 목표를 이루자고 목소리 높이고 있다. 그는 지난 6일 빈곤 타파 좌담회에서 "2020년까지 농촌 빈곤 인구가 모두 가난에서 벗어나는 것은 당 중앙이 모든 인민에게 약속한 것으로 반드시 실현돼야 한다"고 강조했다.

중국 당국은 막대한 자원을 투입해 2012년 9899만명이었던 빈곤인구 수를 약 600만명 수준으로 줄였다. 그러나 이는 어디까지 빈곤인구 기준을 낮게 잡은데 따른 착시효과란 지적이다. 중국은 지난 2011년 연간 1인당 소득 2300위안(약 40만원) 미만을 빈곤선으로 정했다. 이후 소득 증가에 따라 조금씩 조정하고 있는데 올해 기준으로 환산하면 연간 4000위안(70만원) 수준에 불과하다.

리쿼쥔 중국발전연구센터 자원환경정책연구소 부소장은 "1인당 GDP가 일정 수준에 도달한 뒤 빈부격차가 오히려 벌어지고 결국 '중진국의 함정'에 빠진 나라가 많다"고 경고했다(edaily.co.kr COVID-19가 들춰낸 사회주의 중국의 빈부격차 기사 참고).

제8장 중국 경제의 악화와 제3차 국공내전 가능성

최근 10년 가까이 한국의 가을만 되면 중국으로부터 넘어오는 것으로 추정되는 뿌연 미세먼지로 나의 어릴 적의 맑고 청명한 날씨를 만나기가 매우 힘들었는데, 내가 작년 가을에 한국을 방문하였을 때는 그 옛날의 맑고 청명한 가을 날씨를 즐길 수 있었다. 나의 생각으로는 중국이 COVID-19 전염병과 미. 중 사이의 심각한 경제전쟁으로 인하여 많은 생산공장의 가동이 멈추고 있는 것이 아닌가 싶었으며, 한국의 맑은 가을 날씨는 이 영향이 상당 부분 있는 것으로 보였다.

미. 중 전쟁으로 인하여 세계 경제는 깊은 수렁에 빠져있지만 한국의 자연환경은 수십 년 전의 청명한 하늘과 맑은 공기로 되돌아 간 느낌이었다.

그런데 중국의 "중국제조 2025"는 단순히 첨단 산업을 키우려는 계획을 넘어서 결과적으로는 세계최대의 경제대국이면서 세계를 일당독재국가의 치하에 두겠다는 "중국몽"인 것이며, 단계적으로는 2025년에는 제조 강대국이면서 기술 자급자족 달성을 목표로 잡고 있다. 즉 핵심 기술 및 부품 · 소재를 2020년까지 40%, 2025년까지 70% 자급하겠다는 구상이다(The Science Times 2020년 11월 20일 심재율 객원기자 기사 참고).

이것을 느낀 미국이 최대강국으로서의 국가존립을 위하여 시작한 전쟁으로 인하여 중국의 경제적, 기술적 세계최강국이 되겠다는 "MIC2025"는 그 실현 가능성이 차츰 낮아지고 있는 것으로 보인다.

중국의 야망 좌절

"Made in China 2025"가 함축하고 있는 것이 중국공산당의 1당독재를 통하여 중국이 전 세계를 장악하면서 중화사상으로 주입된 Big Brother 세계를 만들려고 한 것이었다.

그러나 우리가 지금까지 보아왔던 것처럼 중국은 급격하게 성장한 경제력에 비하여 정신세계는 19c말이나 20c초의 제국주의시대의 사상에 머물러 있거나, 또는 청나라 말기의 영국과의 아편전쟁이나 청일전쟁에서 패배한 피해의식에 갇혀있거나 간에 한국, 일본, 인디아, 동남아시아지역 등의 주변 국가뿐만 아니라 멀리는 태평양의 섬 국가, 남아메리카나 아프리카의 여러 국가를 상대로 하여 약탈적인 착취행위를 지속함으로써 이제는 신장 위구르 민족에 대한 인권침해, 홍콩사태, COVID-19전염병 등을 포함하여 복합적으로 부정적인 영향이 급증하면서 세계적인 혐오스러운 중국현상이 일어나고 있다.

중국의 날개 없는 추락의 시작

중국의 언론 탄압

중국경제는 미중무역전쟁과 COVID-19전염병으로 추락을 시작하고 있었지만, 최근에 이러한 상황을 더욱 명확하게 드러낸 것이 언론에 대한 더욱 거세진 억압이다. 비판기능이 가능한 언론의 자유는 정부의 제4부라고 부를 만큼 국가의 지속적인 발전을 위한 기본요건 중의 하나이다. 즉 언론의 자유가 보장된다고 국가의 발전이 보장되는 것은 아니지만, 언론의 자유가 보장되지 않은 국가는 형식적으로는 삼권분립이 되어 있더라도 권력을 견제하거나 감시하는 제도가 없기 때문에 지속적인 발전을 할 수 없는 한계가 있을 수밖에 없다. 중국의 경우는 지금까지도 언론의 자유가 없는 국가 중의 하나였지만 시진핑 주석의 임기 없는 1인독재정권 강화와 언론의 자유를 더욱 억압하는 방향으로 가고 있는데 이것은 50여년 전에 있었던 모택동정권의 폐쇄적인 사회로 회귀하겠다는 의지로 볼 수밖에 없는 것이다. 이러한 관점에서 최근에 실린 기사를 참고로 기재하고자 한다.

"中, 정부 비판했다고 기자 127명 억류…세계 최대 언론인 감옥"

중국 정부를 비판하는 내용의 기사를 작성하거나 민감한 정보를 기사화 했다는 이유로 중국에 억류 중인 언론인이 127명에 달하는 것으로 조사됐다. 국경없는기자회(RSF)는 "중국은 세계 최대 언론인 감옥"이라고 비판했다.

7일 영국 BBC 등에 따르면 RSF는 이날 배포한 82쪽 분량의 '중국 저널리즘의 거대한 후퇴' 보고서에서 "시진핑(習近平) 국가주석이 집권한 이후 중국 당국이 언론을 다시 옥죄기 시작했다"면서 "기자를 체포, 구금하는 것도 서슴지 않아서 취재와 보도를 할 때 위험을 감수해야 한다"고 분석했다.

RSF는 보고서에서 "신종 코로나바이러스 감염증(코로나19)에 관한 정보들이 확산하지 않도록 언론 탄압이 더 강화됐다"고 지적했다. RSF 조사 결과 중국 당국에 억류돼 있는 127명의 언론인 가운데 최소 10명은 즉시 석방되지 않으면 목숨이 위험한 상황인 것으로 전해졌다. 이 가운데는 지난해 코로나19 확진자가 대규모로 발생한 우한(武漢) 사태를 보도한 공로로 올해 RSF의 언론자유상 수상자로 선정된 시민기자 장잔(張展) 전 변호사도 포함돼 있다. 장 전 변호사는 자신의 무죄를 주장하기 위해 단식 투쟁을 벌이고 있으며 고문 등으로 건강이 극도로 악화된 상황인 것으로 알려졌다.

RSF는 중국이 시 주석의 사상을 학습하는 애플리케이션앱을 기자들에게 설치하도록 강요하고 있다고 지적했다. 신장 위구르 지역의 인권 탄압과 홍콩 국가보안법 등과 관련해 중국에 비판적 기사를 쓴 외국인 기자 18명은 비자 갱신을 거부당해 중국을 떠나야 했다(동아일보 2021년 12월 8일 베이징 김기용특파원 기사 참고).

언론과 인권의 탄압은 일방적인 지시와 사고의 획일성을 강조하고 토론과 다양한 사고를 인정하지 않아 창조적인 기업의 탄생과 성장이 어려워지며, 권력형 부정부패가 만연되고 권력과 유착된 소득불평등이 확대되어 국민의 불만이 확대될 가능성이 높아 국가의 안정적이고 지속적인 발전이 불가능하다. 즉 중국이 독재정권의 강화를 위하여 이러한 방향으로 진행된다면 북한과 함께 또 다른 역사적 교훈이 될 것이다.

2022년 베이징올림픽에 대한 외교적 보이콧

최근 2022년 1월부터 베이징에서 시작하는 제24회 동계올림픽에 대하여 미국은 중국의 인권탄압에 대한 항의의 표시로 외교적 보이콧을 실행하겠다고 공식적으로 발표했는데, 영국과 뉴질랜드, 캐나다, 호주 등의 5yeys멤버와 일본 등이 미국의 외교적 보이콧에 동참한다고 이어서 발표하였다. 만일 다수의 국가들이 여기에 동참하게 되면 시진핑 주석의 장기집권 강화를 위한 전시효과도 상당 부분 위축될 것으로 예상된다. 아직은 시작단계에 불과하지만 미국의 외교적 보이콧이 많은 국가들로 확대될 경우에는 동계올림픽을 자신의 독재권력 강화에 이용하려고 한 시진핑 주석의 계획은 오히려 역효과를 가져올 수도 있을 것으로 보인다.

타이완이 참석하는 자유세계를 위한 모임 개최

미국의 주도하에 중국을 배제하고 타이완과 콩고, 중국에 대한 여러 반체제인사 등을 포함한 111개국의 화상정상이 참여하여 2021년 12월 9일부터 열리는 "민주주의 정상회의"에 대해 중국이 주한중국대사인 싱하이밍의 입을 빌려 미국에 대해 맹비난을 하고 있지만, 중국에 대한 적대적인 세계의 흐름은 중국을 국제정치적으로 고립시킬 뿐만 아니라 경제적으로도 고립시키는 방향으로 가고 있는데, 이 글에서 계속 언급하고 있는 것처럼, 이러한 상황은 중국이 자초한 것과 마찬가지인 것이며 이러한 흐름을 되돌리기에는 늦은 것이 아닌가 싶다. 아래의 내용은 최근 매일경제에 실린 당황한 중국의 주장에 대한 글인데 한마디로 요약하자면, 그동안 일인독재국가인 중국을 그럴듯하게 포장한 괘변에 불과하다.

9일 미국 주도 '민주주의 정상회의'를 앞두고 주한 중국대사관이 중국식 민주주의를 앞세우며 민주주의 정상회의를 정면 비난했다. 최근 중국 정부가 자국 체제를 선전하고 미국식 민주주의를 비판하는 간행물 '중국의 민주'를 발간하고, 중국 외교부까지 나서 미국식 민주주의를 공개 비난한 것과 궤를 같이한다.

싱하이밍 주한 중국대사는 지난 2일 성균관대 성균중국연구소와 주한 중국대사관이 공동 개최한 학술세미나에 참석해 "미국이 개최하는 민주주의 정상회의는 본질적으로 냉전시대 정치적· 진영적 대립의 산물"이라고 비난했다. 싱 대사는 이어 "중국은 민주주의를 무기화하고 이를 바탕으로 다른 나라의 내정에 간섭하고 발전을 억압하는 미국식 가짜 민주주의에 단호히 반대한다"고 밝혔다.

이날 행사는 중국 베이징대, 한국 국가안보전략연구원 등 양국 전문가들이 온·오프라인으로 참석해 최근 시진핑 중국 국가주석 겸 총서기의 장기 집권을 결정한 중국 공산당 19기 6중전회 이후 정세를 학술적으로 토론하는 자리였다. 싱 대사는 이 자리에서 "19기 6중전회는 중국 공산당 100년을 맞이하는 중요한 회의였다"며 "중국 공산당은 인민민주주의를 실천하고 민주주의의 효율성, 민주주의와 법치주의의 유기적 통일을 실현해왔다"고 주장했다.

앞서 지난달 싱 대사는 국회의원 간 중국 연구모임인 한중 차세대리더포럼에 참석해 "중국식 민주주의는 진정한 의미에서 인민을 중심으로 인민의 정치 · 경제 · 사회 등 광범위한 권리를 보장하고 실현하는 전 과정의 인민민주주의"라고 강조하기도 했다.

싱 대사의 중국식 민주주의 옹호는 최근 중국 정부의 자국 민주주의 홍보와 같은 맥락이다. 지난 4일 중국 국무원 신문판공실은 '중국의 민주'라는 제목으로 2만2000자 분량 백서를 발간해 자국 현실에 맞는 제도가 가장 민주적이며 중국 공산당이 민주를 견지한다는 주장을 펼쳤다. 중국 국무원은 이 문서의 중문본과 영문본을 전 세계에 배포하고 중국 정부는 "민주는 장식품이 아니라 인민이 해결을 원하는 문제를 해결하는 데 사용돼야 한다"면서 "민주는 각국 국민의 권리이지 소수 국가의 전유물이 아니다"고 주장했다. 싱 대사를 비롯한 중국 정부인사들이 이처럼 중국식 민주주의를 설파하고 있는 것은 미국이 9일부터 민주주의 정상회의를 열고 이념 공세를 강화하고 있는 가운데 한국도 여기 참석하기 때문으로 풀이된다. 이번 회의에는 문재인 대통령을 비롯한 미국의 주요 동맹국 정상은 물론 110개 국가와 시민사회, 민간 부문이 영상으로 참여한다. 미국은 이번 회의에 대만도 초청해 중국의 거친 반발이 예상된다. 중국이 아파하는 부분인 홍콩의 민주주의 운동가에게도 단독 연설 기회를 부여하는 등 면면이 중국식 민주주의에 대한 공격 요소가 숨어 있다.

7일 조 바이든 미국 행정부 고위 당국자는 사전 브리핑에서 이번 회의의 주안점이 권위주의와 부패에 맞서고 인권을 촉진하는 등 민주주의를 강화하는 데 있다고 밝혀 중국을 간접적으로 겨냥했다. 그는 미국이 이번 회담에서 △자유롭고 독립적인 미디어 강화 △부패 퇴치 △자유롭고 공정한 선거 수호 △민주주의 회복을 위한 기술 활용 등에 대한 새 구상을 발표할 것이라고 설명했다.

특히, 이번 회의에서는 첨단 기술이 인권 침해에 활용되지 않도록 관련 수출 통제 체제를 확립하는 방안도 논의될 것이라고 이 당국자는 덧붙였다. 이는 중국이 스마트폰 애플리케이션앱과 인공지능(AI), 안면인식기술 등을 활용해 비판적인 국내외 언론인과 지식인, 운동가들을 검열·통제하고 있는 점을 겨냥한 것으로 해석된다. 이처럼 민주주의 정상회의가 중국과 러시아 견제를 분명히 하면서 9일 영상으로 참석할 예정인 문 대통령의 발언 수위도 주목된다. 문 대통령은 행사 취지에 맞게 우리 정부의 민주주의와 인권 증진 등 성과를 소개하고 국제사회에 협력을 강조할 것으로 알려졌다. 미·중 사이에서 곤혹스러운 상황에 놓인 만큼 문 대통령 역시 중국을 겨냥한 직접적인 발언은 자제할 것이란 전망이 나온다. 하지만 회의에 초청된 것 자체가 사실상 미국의 중국 견제에 동참하라는 압박이 될 수 있어 문 대통령의 대응에 관심이 쏠린다(매일경제 2021년 12월 08일 한예경 기자 / 임성현 기자 기사 참고).

제3차 국공내전의 가능성

국공내전의 약사

제1차 국공대전은 1927년 8월 1일 ~ 1936년 12월 22일에 발생하였으며, 제2차 국공내전은 1946년 3월 31일 ~ 1950년 5월 1일에 시작되었는데 중일전쟁이 종료됨과 동시에 마치 늦춰 준 빚을 받는 것처럼 발생한 것으로 보인다. 1,2차 국공내전을 통하여 발생한 사망자는 민간인을 포함하여 약 500만명으로 추정하고 있다.

첫째, 제1차 국공 내전은 장제스는 농촌 지역에서 끊임없이 세력을 키우고 중화소비에트공화국을 구성하는 공산군을 토벌하기 위해 수차례에 걸쳐 대규모 공격을 개시하였는데 이를 '토공전'(討共戰)이라 한다. 공산당의 군사 조직인 홍군은 종종 홍비(紅匪) 또는 공비(共匪)로 불렸다.

이러한 대규모 토벌 작전에도 불구하고 장제스의 국민혁명군은 홍군을 완전히 분쇄하지 못했는데 이는 인력과 물자가 부족한 홍군이 철저한 게릴라식 유격 전술을 펼쳤기 때문이다. 그러나 마지막 대규모 토벌전에서 국민혁명군은 종전의 토벌 방식을 바꾸어 대규모 진지, 토치카를 짓고 지구전적인 진지전을 펼쳤는데, 홍군은 이 전술에 말려들어 수도인 장시성을 잃게 될 위험에 처하였다.

이때 홍군은 필사적인 후퇴 전술을 택해 중국 대륙을 돌아서 산시성에 이르는 이른바 장정을 감행하고 국민혁명군의 추격을 뿌리치고 중화소비에트공화국의 새로운 수도를 찾게 된다. 홍군의 주력은 무사히 즈단현에 도착하고 그곳을 중화소비에트공화국의 새로운 수도로 정하고 군벌 출신의 장쉐량과 대치했는데, 장쉐량은 공산당에 동조적이고 공산당이 주장하는 항일 정신에 경도되었다. 마침내 1936년 12월

장쉐량은 시안 사건을 일으켜 장제스를 설득, 공산당과의 내전을 중지하고 항일 통일 전선이 성립하게 된다.

둘째, 제2차 국공내전은 한국전과 유사하게 법적으로는 지금도 진행 중이다. 일본이 패망한 직후 공동의 적이 사라지자, 공산당과 국민당 사이에는 일본군의 무장 해제와 점령지 정리 등을 둘러싸고 긴장이 고조되었다. 오랜 전쟁에 지쳐 있던 양측은 내전을 피하기 위해 1945년 8월부터 약 한 달 반 동안 충칭에서 장제스와 마오쩌둥이 만나 회담을 가졌고, 같은 해 10월 내전을 피하고 정치적 민주화를 추진하는 것에 관한 합의가 도출되었다. 그러나 이러한 합의에도 불구하고 양측 간의 갈등이 더욱 커지자, 미국의 마샬 장군이 중재에 나서 내전을 피할 공동 정부를 구성하기 위한 협상이 1946년 1월부터 시작되었고 어느 정도 합의에 다다랐다. 그러나 이를 인준하는 과정에서 국민당이 다시 합의안을 번복하고 공산당이 이에 항의하면서 결국 공동 정부 구성에 실패하였다.

1946년 6월 국민혁명군은 본격적으로 공산당 지구를 침공하여 전면적인 내전을 개시하였다. 초기에 국민혁명군은 병력, 장비, 보급 등 모든 면에서 중국 인민해방군(홍군)보다 우세했고, 특히 미국의 지원을 받아 무장하고 있어서 내전은 곧 종식될 듯이 보였다. 특히 1947년 3월에는 후쫑난이 지휘한 20만의 병력이 중화소비에트공화국의 수도인 옌안을 점령하기도 했다. 그러나 무리하게 점령지를 늘린 국민혁명군(1947년 12월 중화민국 국군)은 병력을 지나치게 분산시키는 전략적 오류를 범하게 되었다.

게다가 국민당 정부의 총체적 부패, 인플레로 인한 경제 붕괴, 그리고 이미 떠난 민심이 어우러져 1948년 가을부터는 공산당 측에 유리하게 내전이 전개되었다. 1948년 11월 린뱌오가 지휘한 동북 인민해방군이 만주에서 중화민국 국군을 격파하는 것을 시작(요심 전역)으로 전세가 역전되고 힘의 균형이 깨졌다. 인민해방군은 1949년 1월 31일 베이징에 입성하였고, 파죽지세로 창강(양쯔강)을 건너 4월 23일에는 국민당 정부의 수도 난징을 함락시키고, 5월 27일 중국 대륙 최대 도시 상하이까지 손에 넣었다.

1949년 10월 1일 마오쩌둥은 베이징에서 중화인민공화국의 수립을 선포하고 국가주석에 취임하였다. 중국 인민해방군은 같은 해 10월 14일에는 광저우를 접수하고, 11월 30일에는 중화민국 정부의 임시수도였던 충칭(重慶)마저 함락시켰다. 12월 10일 장제스는 대륙 최후 거점인 청두(成都)에서 타이완(臺灣, 대만)으로 탈출했고, 12월 27일 중국 인민해방군이 청두에 입성함으로써 대륙에서 국민당을 완전히 몰아냈다.

1949년 10월 인민해방군은 중국 대륙과 타이완 섬 사이의 전략적 요충지인 진먼섬(金門島)을 공격하여 고령두 전투(1949.10.25. ~ 10.27)를 벌였으나 중화민국 국군에 대패하였다. 이후 타이완 섬과 이 섬에 대한 중화민국 정부의 지배가 공고해졌고, 대륙에서 패한 중화민국 정부는 타이완으로 옮길 수 있었다. 1950년 하이난섬(海南島) 전투(1950.3.5. ~ 4.30.)와 홍콩 근해의 완산군도(萬山群島) 전투(1950.5.25. ~ 6.27.)에서 중화민국 국군이 중국 인민해방군에 잇따라 패퇴하고, 상하이 근해의 저우산군도(舟山群島)(1950.5.16.)와 다천(大陳) 섬(1955.2.11.)에서 중화민국 국군이 철수함으로써 양안(兩岸) 사이에 현재와 같은 경계가 만들어졌다.

중국 인민해방군은 1958년에도 무려 47만발에 이르는 포탄을 진먼섬에 쏟아부었으나 점령하지 못하였고(진먼 포격전, 1979년 1월 1일 미국과 수교하기 전까지 20년간 이 섬에 대한 간헐적인 포격을 계속하였다(namu.wiki 및 ko.wikipedia.org 참고).

최근 미국과 중국과의 관계가 악화되면서 가장 전쟁 가능성이 높은 지역으로 중국과 대만과의 전쟁을 지목하는 이유도 이러한 역사적인 문제가 있기 때문이다. 물론 러시아 푸틴의 불법적인 우크라이나 침략으로 인하여 예상이 빗나갔지만 가능성은 상존한다.

미국이 주도하는 고립 작전에 대한 중국의 대응

중국 자신의 위험성도 대단히 높기 때문에 아직까지는 가능성이 낮지만, 이상과 같은 중국의 역사적인 상황을 고려한다면, 미국의 중국에 대한 고립작전으로 인하여 중국의 독재정권이 정치적, 경제적으로 견디기 쉽지 않다는 판단을 하게되면 실행 가능한 반격수단 가운데 하나가 타이완에 대한 공격카드이다. 물론 이에 대한 미국측의 대응중의 하나는 현재 진행중인 것으로 알려진 것이 미군을 대만에 지속적으로 주둔시키는 것이다.

최후의 수단으로 보이는 물리적 충돌은 자제하면서 중국이 가지고 있는 대응책을 살펴보면 다양한 시나리오가 나올 수 있다.

첫째, 그동안 국제사회에서 지속적으로 중국에 대하여 요청했던 내용은 2001년 WTO에 가입할 때 중국이 약속한 국제기준에 맞는 법과 규정, 금융시장에 대한 개방, 지적 재산권 보호 강화, 국영기업에 대한 차별적 지원 제한, 더욱 개방적인 중국 시장 등인데 최근 중국 정부가 실시한 텐센트, 알리바바 등의 제4차 산업에 대한 강제적인 경영권 변경을 보면 중국의 경제적 지향점이 국제사회가 요구하는 방향과 다른 방향으로 진행되고 있는 것으로 보인다.

둘째, 50여년전 모택동 시대의 폐쇄적인 경제정책으로 회귀하면서 단기적으로 시진핑 주석 주도의 1당 독재정권을 강화함과 함께 중국과 유사한 독재정권을 유지하고 있는 국가들과 연대하여 미국, 유럽 등의 자유국가와 대응하는 신냉전체제를 공고히 하는 것이다. 미. 중 무역전쟁 이후 현재까지의 중국의 정치적 진행 과정을 보면, 이 방향으로 진행되고 있는 것으로 보인다.

셋째, 미국의 중국에 대한 경제적 공급망축출에 대항하면서 앞에서 언급한 러시아, 이란, 쿠바 등의 독재체제국가들과 함께 1대 1로와 같은 중국 주도의 새로운 경제적 공급망을 형성하여 지속적인 경제발전을 하는 것인데, 중국과 유사한 독재국가들의 산업발전 수준이 극히 미약한 수준이어서 중국이 주도하는 새로운 세계경제공급망 수립은 쉽지 않을 것으로 보이며 러시아를 포함한 어느 국가도 중국과 함께 하여 미국, 유럽 등의 자유국가체제와 맞대응하지는 않을 것으로 보인다. 우선 중국이 엄청난 대가를 지원하지 않는 한 경제적, 정치적 실익이 전혀 없으니까 그동안 미국보다 중국과 더 밀접한 관계를 맺고 친중적인 행동을 보여 준 브라질도 중국에게 등을 돌려버린 것이 국제적인 현실을 보여준 단적인 예이다.

제3차 국공내전의 가능성

(가) 중국과 타이원의 자회적, 경제적 지표 등

UN산하기구인 국제투명성기구(TI, Transparency International)의 자료에 따르면, 국가의 청렴도순위가 타이완은 28위이며, 중국은 78위이다. 또한 2020년 IME자료에 따르면 국가 전체의 GDP는 중국이 세계2위이지만 국민1인당 GDP를 보면 타이완은 US26,900$이며 중국은 US10,504$이다. 한편, World Happiness Report에서는 매년 여론조사

전문기관이 갤럽의 도움을 받아 세계149개 국가의 행복지수 순위를 비교하여 발표하는데 행복지수의 평가기준으로는 국민의 1인당 GDP, 사회보장제도 범위, 기대수명, 삶에 서의 선택의 자유, 사회의 관대함, 부정부패에 대한 대내외의 인식, 환경오염 등이다. 2021년 발표된 자료를 보면 타이완은 아시아권에서는 제일 높은 24위이며 중국은 84위이다. 물론 인구를 비교하면 타이완은 중국은 14억명이며 타이완은 2,200만명이다. 물리적인 군사력은 타이완이 중국을 상대하기는 매우 힘들지만, 중국이 무력을 사용하여 타이완을 점령하려 할 경우 중국의 피해도 상당히 클 것으로 보인다.

그런데 미국이 주도하여 지금과 같은 자유세력과 독재세력과의 대결구도로 진행될 경우에는 최악의 극단적인 선택을 하여야 할 상황 외에는 중국에서 먼저 무력을 사용하는 선택을 하기는 쉽지 않을 것으로 예상된다. 즉, 제2차 국공내전이 진행된 1940년대 중후반의 경우에는 앞에서 기술한 것처럼 국민당의 부정부패로 인하여 민심이 이반된 상태여지만, 70여년이 지난 지금은 국력이나 군사력 면에서는 중국이 압도적인 반면에 최근에 중국이 일으킨 홍콩사태나 신장위구르민족에 대한 인권침해사태 등을 지켜보면서 타이완에 비하여 후진적이면서 비민주적인 행태를 노골적으로 표출하면서 중국독재정권에 대한 타이완 국민의 반감이 고조된 상태이기에 강제점령 이후의 타이완 주민들의 반발이 더 걱정될 수도 있다. 자유를 향유했던 인간은 자유의 소중함을 경험하지 못한 인간에 비하여 독재체제 하에서 부당하게 자유를 억압당하는 것에 대한 반발이 훨씬 강하기 때문이다. 더구나 최근에 발표된 UN산하단체의 자료에 따르면, 아시아권에서 국민의 행복지수가 가장 높은 국가는 싱가폴이나 일본이 아닌 타이완인데 이것은 타이완의 국민이 자신의 행복과 자유를 지키기 위하여 중국의 침략에 대하여 상상하기 힘들 정도로 강하게 저항할 것으로 예상된다. 현재 진행되고 있는 우크라이나 국민의 러시아침략에 대한 강한 저항을 보면 반면교사가 될 것으로 보인다.

그러나 역사가 보여주고 있는 것처럼 물리적 힘에 의지하는 독재정권은 이러한 반발을 무시할 가능성이 높다. 중국이 국제적으로 외톨이가 되면서 경제가 회복이 불가능할 정도로 추락하고 빈부격차가 가속화되면 역으로 전쟁을 일으킬 수 있을 것이다. 그리고 중국 독재정권의 종말이 더 빨리 다가오는 것이 당연한 귀결이 될 것이다.

(나) 중국의 후진적인 제국주의적인 사고

WTO에 가입한 후부터 지난 20년 이상 중국은 중국의 경제력 확대에 맞춰 경제적 지원과 군사적 영향력을 확대하면서 미국을 넘어선 세계 최강국으로서의 위치를 확보하기 위하여 호주를 포함한 남태평양의 섬국가와 필리핀 등에 세력을 확장하였는데, 5 eyes의 멤버인 호주의 강력한 반발에 부딪혀 호주를 포기하였으나 남태평양의 섬국가들과 필리핀에 대한 중국의 세력확장은 지금도 진행중이다. 따라서 중국식 제국주의 확대와 타이완문제를 연관하여 고려하면 타이완의 반발과 미국의 타이완에 대한 강력한 지원 의지에 쉽게 굴복하는 모습을 국제사회에 보여주는 것도 지금까지의 중국정부의 행태와는 맞지 않는 것이다. 즉 중국정부가 군사적으로나 외교적으로 강한 반발을 행동으로 옮길 가능성이 매우 높은 상황이며 중국이 국제사회에서 총체적인 고립과 독재정권의 붕괴 위기를 맞게 되면 물리적 충돌, 즉 제3차 국공내전이 발생하게 될 것이며 중국 나름대로의 국가통일이라는 대명제를 내세울 수 있는 것이다. 지금의 경제 위기가 지속되고 중국의 국제공급망 퇴출이 확대되어 중국 내부의 위기가 확대될 경우에 이러한 위기는 2030년 이전에 올 가능성이 높다. 물론, 중국이 타이완을 상대로 한 군사력을 동원한 전쟁 이외의 Cyber 전쟁, 외교적 경쟁 등은 이미 오랫동안 진행하여 왔다.

(다) 제3차 국공내전과 국제전으로의 확대 가능성

대부분의 내전이 국제전으로 확대되는 현상이 일반적인데 지금의 국제적인 역학관계와 세계경제에서의 중국에 대한 퇴출이 진행되는 과정에서 제3차 국공내전이 발생하면 국제전으로 진행될 가능성이 매우 높은데 여기서는 최근에 기재된 기사를 참고로 하겠다.

美日, 대만서 전쟁나면 주일미군 투입 추진…주한미군 영향은?

일본 자위대와 미군이 대만에서 전쟁 등 긴급 상황이 발생할 경우 주일미군을 투입하는 내용을 담은 미일 공동작전계획을 마련 중인 것으로 알려졌다. 28일(현지 시간) 로이터통신 등에 따르면 미일 양국은 이 같은 내용을 다음달 7일 열릴 안보협의위원회(외교 · 국방장관(2+2) 회담)에서 논의할 예정이다. 한미가 국방장관 회담 공동성명에 처음 대만해협 문제를 명시한 가운데 미일의 작전계획 변화가 주한미군에도 영향을 미칠지 주목된다.

앞서 교도통신은 23일 복수의 일본 정부 익명 관계자를 인용해 미일 공동작계 초안에 주일미군 해병대가 일본 규슈 남부 난세이제도에 임시 공격거점을 설치하는 내용이 포함됐다고 보도했다. 유사시에는 일본 자위대가 탄약이나 연료 등 물자 수송과 후방 지원 임무를 수행하도록 했다. 특히 자위대는 2014년 7월 헌법 해석 변경으로 '집단적 자위권'(동맹 · 우방국이 공격을 당할 경우 반격할 권리)를 행사할 수 있어, 중국과 대만 간 무력 충돌 발생시 미군과 함께 자위대가 개입할 여지를 열어놓은 것이라는 해석이 나온다.

미 국방부는 최근 해외 주둔 미군 배치 재검토 작업을 마무리하며 "중국의 잠재적 군사적 공격을 억제하기 위해" 인도 · 태평양 역내 동맹 협력을 강화한다고 밝힌 바 있다. 한미 양국은 2일 연례 안보협의회의(SCM) 공동성명에 대만해협 문제를 명시했을 뿐 아니라 한미 연합작전계획을 최신화하기로 했다. 정부 안팎에서는 새 한미 작전계획에 중국에 대한 견제, 대응이 포함될 수 있다는 관측이 나오고 있다. 로이터통신은 "미 정부 관계자들은 대만 유사시 가까운 일본에 주둔하는 수만 명 규모의 미군이 중요한 역할을 할 가능성이 크다고 오랫동안 언급해왔다"고 전했다(동아일보 2021년 12월 28일 김민 기자 기사 참고).

중국의 추락과 세계 경제의 연착륙 가능성

20c 이후 현대경제사에서 매우 드물게 미. 중 대결과 COVID-19전염병이라는 거대한 쌍둥이 악재로 인하여 신음하고 있는 세계경제는 낙관적으로 보면 2024년, 비관적으로 보면 2027년 이후에나 2019년의 경제 수준을 회복하면서 다시 정상적인 경제 상태로 진입할 것으로 예상하지만 미중전쟁 과정에서 세계경제의 변수로 세계 각국의 외환위기와 빈부격차의 확대, 중국의 금융위기와 외환외기, 중국의 경기둔화 또는 후퇴가 세계 경제의 회복을 지연시키면서 극심한 충격을 줄 가능성이 높다.

그러나 미국이 자국의 경제적, 정치적 이익을 위하여 주도하고 있는 경제공급망에서의 중국경제의 퇴출이 성공적으로 달성될 경우에는 역으로 이 과정에서 중국경제가 세계 경제에 미치는 영향을 최소화하면서 세계 경제의 하락을 연착륙시킬 가능성이 있으며 이와 함께 미국, 유럽, 일본 등의 선진국을 중심으로 하여 제4차 산업의 발전을 가속화하여 후기산업화 사회가 안정화되면서 베트남과 인도네시아를 비롯한 동남아시아와 인디아 등의 제3차 산업의 경제발전을 위하여 협력하고 아프리카와 남아메리카 국가들의 교육과 전기, 항만, 도로, 공항 등의 사회간접시설을 현대화하여 정치발전과 지속적인 경제발전을 통한 중산층 형성과 확대에 도움을 주면 세계 경제가 연착륙하면서 지금보다 훨씬 더 안정적인 성장의 틀을 이룰 수 있을 것이다.

이러한 세계 공동의 노력과 함께 각 국가가 중국과의 거래를 국가안보 차원에서 재점검하면서 최소화하는 것도 매우 중요한데 여기서 최근 미국과 일본이 중국과의 거래에 대하여 국가안보 차원의 재검토를 시행하고 있는 기사를 참고로 기재하겠다.

일본 정부가 '경제안전보장' 사령탑 기능을 할 부서를 신설할 것으로 보인다. 일본은 지난 10월 기시다 후미오 총리 취임 이후 경제안보를 강조해왔는데, 새 사령탑은 반도체 등 주요 물자를 안정적으로 공급하고 서플라이체인(공급망)을 강화하며 중국 등을 겨냥해 전력·통신 등 주요 기반시설에서 안보상 위협이 되는 외국 제품이 사용되는지 조사하는 역할을 맡을 것으로 예상된다. 한편 미국 중앙정보국(CIA)은 대테러 업무 중심에서 벗어나 중국 등의 정보 수집을 강화할 것으로 보인다.

요미우리신문은 일본 정부가 경제안보 사령탑인 '경제안전보장담당실'(가칭)을 내각부에 신설하기로 방침을 굳혔다고 12일 보도했다. 내각부는 중앙행정기관이 추진하는 정책에 관한 기획·조정 업무를 담당하는 부처로, 한국의 국무조정실과 비슷하다. 경제안보담당실은 재무성, 경제산업성, 방위성 등 관련 부처에서 인력을 모아 수십 명 규모로 구성될 예정이다. 일본 정부는 내년 1월 시작될 정기국회에 '경제안보추진법'(가칭)을 제출해 법안이 통과되면 경제안보담당실을 구성할 방침이다.

경제안보담당실은 관련 부처와 연계해 기업으로부터 주요 물자의 공급망을 확보하기 위한 계획을 제출받고, 이 계획이 적절하다고 판단되면 보조금 등의 지원에 나설 것으로 보인다. 공급이 중단될 염려 등이 있을 경우 대체 방안을 마련하고 비축 · 공급망 등을 다각화 한다. 이와 함께 전력 · 통신 등에 관계된 중요 기기와 시스템에 안보상 위협이 될 수 있는 외국 제품이 사용되는지 조사하는 등 사전심사 업무를 수행한다. 일본이 중국 등으로의 기술 · 정보 유출을 크게 경계해온 만큼 이런 조사의 주요 대상은 중국 제품 등이 될 것이라는 분석이 나온다.

경제안보담당실은 기술 유출을 막기 위해 기밀에 속하는 무기류 개발 등과 관련된 특허출원의 비공개 여부를 판단하는 심사에도 관여할 것으로 보인다. 경제안보담당실이 출범하면 일본 국가안전보장국(NSS)의 경제안보 관련 업무는 외국 기업의 인수 · 투자 심사 등으로 국한될 것으로 보인다.

한편, 미국 CIA는 9 · 11테러 이후 20년간 이어온 '테러와의 전쟁'에서 벗어나 중국과 러시아에 대한 정보 수집으로 전략 중심축을 옮긴다. CNN은 11일(현지시간) 여러 정보 소식통을 인용해 CIA가 스파이 네트워크 훈련 · 관리 실태를 점검하고 있다고 보도했다. 이는 중국 정보를 수집하기 위해 전통적인 방식인 물밑 첩보전으로 돌아가는 것을 의미한다. 예를 들어 중국 인프라스트럭처 투자가 많은 서아프리카 지역에 CIA 인력이 증원될 수 있다.

CIA는 올해 10월 중국을 전담하는 '중국미션센터(CMC)'를 신설하고 대중국 정보활동을 강화하기 시작했다. 그러나 빅데이터와 얼굴 인식 감시 기술 개발로 인해 첩보활동에 제약이 커지고 있다. 중국은 2010년부터 수년 동안 CIA 요원 10여 명을 살해하거나 투옥해 첩보망을 붕괴시킨 것으로 알려졌다(매일경제 기사2021년 12월 12일 김규식, 강계만 기자 참고).

IMF 등의 국제지원을 통한 일대일로사업의 전환

그동안 중국이 추진했던 일대일로사업의 문제점을 보면, ① 부패세력과 연결한 자금지원과 ② 단기적으로 회수가 불가능한 사업에 대한 중국에 대한 해당국가의 고금리 부채 ③ 앞의 이유로 인하여 국가부도위기를 맞게 된 국가가 결국 부채로 인하여 중국에게 정치적, 경제적으로 예속될 가능성이 높다는 것 ④ 중국으로부터 부채를 일으켜 항만과 도로를 건설하는 과정에서 기업과 노동자 대부분이 중국기업, 중국인이기 때문에 해당국가의 경제적 효과는 매우 낮다는 것 등이다.

따라서 미국이 주도하는 세계공급망에서 중국을 퇴출시키는 과정에서 기존에 일대일로 사업에 참여하여 중국에 대한 부채로 인하여 경제적 위기에 처한 국가들을 위하여 미국 등의 선진국이나 IMF와 같은 국제금융기구를 통하여 좋은 조건의 자금을 지원하여 중국에 대한 부채를 해소시키면서 중국과의 경제적 종속관계를 종식시킬 뿐만 아니라 다른 자유국가들이 중국과의 조건보다 훨씬 좋은 조건으로 관련사업을 계속 진행토록 하는 것도 한 방법이다.

이러한 논의는 과거에도 여러차례 있었으나 그 당시에는 국제기구를 통한 자금이 해당국가의 독재자와 중국에 유리한 국면만 조성하여 줄 가능성이 있다는 우려 때문에 중도에 포기를 하였지만, 지금은 그 보다 더 큰 과제, 즉 중국의 세계시장에서의 퇴출이 시급하기 때문에 이 정책을 실행에 옮기는 것이 미국과 자유세계국가 입장에서는 진행하여야 할 것이다.

또한, 이미 이 글에서 언급한 바 있지만, 국제금융기관의 지원과 함께 중국의 COVID-19 전염병에 대한 법적인 책임을 강하게 부과하여 일대일로에 대한 채무 상환을 면제하는 것도 한 방법일 수 있다.

중국경제에 대한 세계 경제 의존도 최소화

2020년 2월 9일 발표된 현대경제연구소원의 자료에 따르면, '중국 제조업의 글로벌 위상 변화'에서 "글로벌 경제에서 중국이 차지하는 위상이 과거 대비 크게 높아졌다"며 "신종코로나의 중국 내 확산으로 인한 글로벌 경제 활동 위축 정도는 과거 사스(SARS · 중증급성호흡기증후군)보다 클 것"이라고 설명했다.

중국이 세계 경제에서 차지하는 비중은 사스가 발병한 2003년보다 크게 확대됐다. 세계 GDP에서 중국 GDP가 차지하는 비중은 2003년 4.3%에서 2019년 16.3%로 증가했다. 따라서, 현재의 중국이 처한 경제의 위기는 세계 경제의 위기로 다가올 가능성이 매우 높지만, 중국경제가 더 비대해지면서 세계 경제에 대한 강력한 영향력 때문에 중국에 대한 세계 경제의 의존도가 더욱 높아지기 전에, 세계 경제에서 중국의 글로벌공급망 퇴출이 향후 세계 경제의 연착륙에 긍정적인 효과를 일으킬 수 있을 것이다.

이에 더하여, 중국을 세계 경제 공급망에서 퇴출시켜야 하는 또 다른 중요한 이유는 이미 중국의 부채에 관하여 언급한 것처럼, 지금의 상태에서 중국의 금융위기와 부동산 버블의 폭발 위기(이 부분은 헝다그룹의 파산으로 인하여 이미 시작의 징후를 보이고 있음), 여러 산업의 붕괴 위기 등이 연이어 또는 동시에 발생한다면 COVID-19 전염병과 미. 중 전쟁으로 인한 매우 심각한 Depression 시기가 장기적으로 지속됨으로써 일부 산업의 붕괴와 함께 세계적인 불평등의 확대 등으로 인하여 전 세계가 제2차 세계대전 이후의 최대의 삶의 위기에 직면하게 될 것이다. 즉 중국경제의 채무불이행상태와 부동산 버블의 폭발, 기업들의 연쇄 부도 사태 등이 쓰나미 처럼 밀려와 세계는 인류의 경제사에서 유래 없는, 1930년대의 경제위기와는 비교가 될 수 없을 정도의 엄청난 경제위기를 직면하게 되는 것이다(What To Do When The Bubble pops Published bwith Gildan Media LLC aka G&D 2020 by Harry S. Dent, JR 52 page 참고).

이와 함께 중국의 발전이 한계에 부딪힐 것이라는 많은 이유 중의 하나가 인구절벽이다. 대부분의 중진국과는 달리 중국은 독재국가로서의 힘을 발휘하여 강압적으로 "1가족 1자녀" 정책을 30년 이상 시행하였으며 이제는 그 후유증으로 인하여 노령화 속도가 세계 어느 국가보다도 빠르게 진행되고 있다. 따라서 멀지 않은 장래에 인구감소의 국면으로 진입하게 될 것이며, 이것은 중국 내부에서도 자연스럽게 내수 위축, 심하면 가족 파괴 현상까지 발생하여 사회적인 문제가 될 것으로 예상된다.

따라서 "인권을 유린하는 독재국가인 중국을 세계경제공급망에서 퇴출시키자"는 미국에서 주장하는 정치적인 이유에 더하여 중국의 경제적 위기로 인하여 발생하는 세계 경제의 위기를 최소화하기 위해서라도 중국에 대한 세계경제공급망의 퇴출이 매우 시급한 상황인 것이다.

제9장 중국 독재정권의 몰락과 중국의 분열

독재정권이 몰락하는 과정은 대부분 부정부패로 인한 경제적 비효율성과 불신, 소득불평등 등의 부정적인 경제효과 때문에 경제가 후퇴됨으로써 서서히 몰락하며, 또 다른 많은 독재국가는 경제발전 자체를 시도하지도 못한 경우가 대다수이다. 중국을 포함한 대부분의 독재국가의 경우, 어느 정도의 경제발전이 진행되기도 하지만, 일정 시점이 지나면 앞에서 언급한 다양한 부정적인 원인이 복합적으로 작용하여 산업이 서서히 붕괴되는데 그 과정에서 나타나게 되는 모습은 각 국가의 규모와 문화적 행태, 국민의 교육 수준 등과 이에 대응하는 독재정권의 행태 등으로 인하여 매우 다양하게 나타난다.

USSR이 멸망할 때와 같이 지배하고 있던 여러 국가를 독립시켜 각자도생하는 방법으로 나타나기도 하며, 아르헨티나나 베네수엘라와 같이 만연한 국가부도 상태에서 회복되지 못하고 엄청난 Hyperinflation의 경제위기가 지속되면서 국민의 기본적인 삶을 위협하여 국민이 국가를 탈출하는 상태에 이르기도 한다. 한편 북한과 같이 경제발전의 초기단계에도 진입하지 못하고 국가를 거대한 감옥과 같이 만들어 국민을 감시하고 국민이 기아 상태에서 영양실조로 사망하기도 하였으며, 시리아, 수단과 같이 내전에 휩싸여 국민이 매일 매일 죽음을 걱정해야 하는 험악한 삶을 살아야 하는 국가도 있다.

중국 경제의 위축과 중국의 존망에 대하여

중국의 인구 감소와 급속한 노령화 그리고 부동산 버블 폭발

COVID-19 전염병이나 미. 중 전쟁 등의 경제외적인 악재를 고려하지 않고 순수한 인구론적 입장에서만 볼 때도 중국의 과거와 같은 높은 성장율은 더 이상 기대하기가 어렵다. 즉, 이미 언급했지만 중국이 과거 30년 이상 유지해왔던 1가구 1자녀 정책을 폐지하였지만 인구는 증가하지 않고 여전히 제자리걸음이기에 인구의 노령화 속도가 일본이나 한국 못지 않게 빠르게 진행할 것이며 내수 위축으로 이어지면서 성장율이 둔화할 것이다. 그러나 이것보다 더욱 심각한 상황이 발생하는 것은 중국인 특유의 부동산에 대한 강한 집착과 투기행태가 국가경제에 다양한 부작용으로 차츰 나타나면서 중국경제의 핵폭탄으로 작용할 것이며 이것이 세계 경제에도 부정적인 영향을 미칠 것이다.

앞으로 예상되는 중국의 부동산 버블은 약 30년 전에 발생하였던 일본의 경우와 유사하면서도 그 규모는 훨씬 거대하여 전 세계에 주는 악영향은 엄청날 것으로 예상된다. 따라서 여기서는 먼저 인구의 정체와 노령화로 인한 일본의 부동산 버블에 대해 간단하게 살펴보고자 한다. 일본의 경우 부동산 버블의 최고 정점이 1991년에 발생하였는데 이것은 일본의 베이비붐(baby boom)세대가 정점을 보여준 4년 후에 발생한 것이다. 일본의 주거용 건물의 가격은 한때 최고점에서 60%, 상가용 건물의 가격은 최고점에서 80% 가까이 하락하였으며 그때부터 24년이 지났음에도 불구하고 그때의 가격을 회복하지 못하고 있는데 부동산거품이 그만큼 엄청났던 것이다(What To Do When The Bubble Pops Published by Gildan Media LLC aka G&D 2020 by Harry S. Dent, JR 56-57 page 참고).

한편, 미국에서는 Subprime Mortgage 시기인 2006년부터 2012년 사이에 부동산가격이 34%가 하락하였다(상기의 저서 60 page 참고).

중국의 경우 가정용 주택과 아파트의 32%가 사람이 거주하지 않는 빈집인 상태로 있으며 이러한 현상이 나타나는 이유는 다양한데 첫째, 앞에서 이미 언급한 것처럼 중국인 특유의 부동산애 대한 강한 집착으로 인하여 어느 정도의 부를 달성하게 되면 여러 채의 부동산부터 매입하거나 부동산을 투기의 대상으로 생각하여 돈을 벌기 위하여 부동산을 매입하는 것이다. 둘째, 중국은 사회보장제도가 아직 미흡하여 비상시를 대비하여 부동산을 매입하는 것이다. 셋째, 부동산을 소유하고 있지 않으면 이성을 만나거나 결혼을 할 수 없는 문화이다. 미국인의 경우에는 재산의 27%를 부동산에 투자하고 나머지는 주식이나 채권, 예금 등으로 분산하지만, 중국인의 경우에는 자신의 재산의 95%를 부동산에 투자하는 문화이다. 즉 첫째, 둘째, 심지어는 열번째 이상의 부동산을 소유하고 있는 경우도 있다.

이러한 부동산에 대한 강한 집착으로 인하여 중국경제가 꾸준히 성장함에 따라 부동산가격도 급등하였는데, 현재의 중국은 2008년 미국의 Subprime Mortgage 사태가 발생했던 시기와 유사하게 부동산가격이 상승한 것이다. 한 예를 들면, 상하이의 부동산가격은 2000년대 초반부터 8.8배 상승하였다. 이러한 부동산가격의 급등은 경제 하락 시에는 폭락으로 이어질 가능성이 높은데 이 경우 상하이의 부동산가격은 하락폭이 78%까지 폭락할 것으로 예상된다.

물론 중국의 부동산 버블을 일으키고 조장한 주범 중의 하나가 중국정부(지방정부 포함)인데 내수시장을 지속적으로 성장시키기 위하여 정부가 지분을 소유한 은행을 통하여 부동산 담보대출을 활성화함으로써 정부가 조장한 측면도 강한 것이다.

이로 인하여 발생한 투기적 사례를 극단적으로 보여준 예가 오도(Ordos)시인데 이 도시의 규모는 약 백만명이 거주할 수 있도록 조성되었으나 사람이 거의 거주하지 않은 도시이다. 여기에 더하여 중국의 경우에는 도로, 교량 등의 사회간접자본시설의 건설에 대하여 경제적 효율성을 거의 고려하지 않고 전시효과에 집착하여 필요 이상으로 과도한 투자를 하는 경향이 매우 높다(상기의 저서 66-68 page 참고).

해외 부동산의 폭락 가능성

그동안 중국경제가 세계 경제 2위의 규모로 성장함에 따라 중국인들의 부동산집착 현상이 해외로까지 확산되었는데 싱가폴, 시드니, 런던, 로스앤젤레스, 밴쿠버까지 부동산가격이 급등하였다.

그러나 1990년대의 일본의 경우처럼, 중국의 경제가 위축되고 기업의 부도가 확산되면 더 이상 이러한 버블이 일어날 수 없으며, 중국의 경기후퇴가 지속된다면 세계 경제가 중국의 경기후퇴의 직격탄을 맞게 될 것이다(상기의 저서 70 page 참고). 이러한 상황은 중국의 정치체제가 독재국가라는 정치적인 이유 때문에 더욱 빨리 다가올 수 있을 것이다.

그동안 중국 정부는 연 7%대의 성장률을 기준으로 하여 성장하고 있다고 말하여 왔지만 사실상 3~4%정도의 성장으로 보이며 이제는 (-)성장이 불가피할 것으로 보인다. 이것은 곧 부동산 버블의 폭발과 외환위기로 이어질 것으로 보이며 그 영향은 세계로 확산될 것이다(상기의 저서 74 page 참고).

만일 현재 진행되고 있는 중국에 대한 세계경제공급망에서의 퇴출 전략이 미국의 의도대로 된다면, 이것이 호재가 되어 향후 중국으로 인한 충격이 완화되면서 세계 경제의 연착륙이 가능해질 수도 있을 것이다.

중국의 금융위기와 외환위기

중국의 과도한 부동산투자와 경기후퇴는 부동산 버블의 폭발과 함께 중국 금융 기관의 부실과 위환 위기로 이어지면서 세계 경제의 위기를 일으키는 장기적인 악순환을 발생시킬 위험성이 높다. 최근에 이러한 위기를 느낀 중국 정부가 부동산에 대한 강력한 대출 규제정책을 시행하였는데 이로 인한 여파로 부동산 그룹인 헝다그룹이 파산하고 말았으며, 미. 중 전쟁이 장기화되면 세계화폐의 위치를 확보하지 못한 중국경제에 치명적인 외환위기까지 몰리게 될 것이다.

그런데 만일 자유세계와 독재체제와의 신냉전체제로 돌입하면서 외환위기에 대한 국제적인 도움을 받지 못하면 중국 독재정권의 몰락이 앞당겨질 가능성이 높을 것이다.

중국의 농민공 문제

민주주의체제의 국가와는 달리 거주이전의 자유가 제한되어 있는 중국의 경우에는 농민공이라는 미국의 불법체류자와 유사한 신분의 중국인이 있는데, 이들은 중국의 경제가 발전함에 따라 주로 중국 변방의 농촌지역에서 더 좋은 소득을 위하여 가족을 고향에 남겨두고 홀로 도시지역으로 이사하여 도시에서 일용직, 건설직 등에 취업하고 있는 중국인이다. 중국경제가 정체 또는 후퇴됨에 따라 중국에서 가장 취약한 계층이면서 중국 정부의 보호에서 배제되고 있는 농민공들이 문제가 되는 것은 첫째, 중국에서 농민공의 규모가 중국인구의 15%이상 되는 약 2.2억명에 달할 정도로 많다는 것. 둘째, 이들이 중국의 소득계층에서 최하위계층이 속한다는 것. 셋째, 중국 정부에서 제공하는 교육, 의료보험 등의 각종 사회보장제도의 혜택에서 제외되어 있다는 것 등이다(상기의 저서 73 page 참고). 따라서 경제가 정체 또는 악화하면 가장 피해를 입게 되는 계층은 사회의 최하위계층인데, 중국의 경우는 거주이전의 자유가 제한된 독재국가라는 특수성 때문에, 중국인이면서도 모든 혜택에서 제외된 계층인 농민공이 중국의 최하위계층인 이 집단이 가장 피해를 입으면서 불만이 증폭될 가능성이 높은 계층이다.

중국의 각 지역 사이의 소득불평등 확대

중국은 경제발전 과정에서 해안을 중심으로 한 도시와 황하강과 양자강의 주변 도시를 중심으로 하여 발전한 한국과 유사한 불균형발전 정책을 시행하였는데, 이로 인한 소득불평등이 "과연 한 국가가 맞는가" 할 정도로 지역 사이에도 불평등이 확대되어 있어 경제가 정체되거나 후퇴되면 이로 인한 국민 사이의 감정의 균열이 심화할 것이다. 즉 중국변방의 자치구나 성의 1인당 GDP와 북경이나 상해와 같은 도시의 1인당 GDP의 차이는 5배 이상의 차이가 나타날 것이다. 그래도 경제가 지속적으로 발전하면 내륙지역에서 온 농민공들의 소득으로 이러한 소득격차를 줄일 수 있어 불만이 증폭되지 않지만 경제가 위축되거나 후퇴되면 앞에서 언급한 것처럼 농민공들이 심각한 경제적 충격을 받기 때문에 이로 인한 악순환으로 인하여 중앙집권 독재국가의 통제력이 약화될 가능성이 높다.

중국식 붉은 자본주의의 실체

Humanism 자본주의 인식 부족

50개의 소수민족을 포함하여 14억의 인구를 보유한 중국과 같은 거대한 국가는 다른 어느 국가보다도 정부의 역할과 기업의 역할의 적절한 조화를 통하여 지속적인 발전을 하면서 같은 국민으로서 일체감을 같도록 하여야 함에도 불구하고, 독재국가인 중국은 지난 40년 가까이 성장해온 국력을 이용하여 자본주의의 탈을 쓴 19c말과 20c초반의 약탈적 제국주의 행태를 보여주고 있는데, 이에 대한 근본적인 이유 중의 하나가 인성교육을 무시한 단순한 지식과 사회주의 사상교육이라는 잘못된 교육으로 인하여 윤리와 법치주의 의식이 희박하고 자본주의에 내재한 휴머니즘을 전혀 인식하지 못하고 있었기에 결과적으로 지금과 같이 중국에 대한 세계적인 불신과 경제공급망 퇴출 사태까지 다다른 것이다. 이것이 중국이라는 독재국가가 지니고 있는 경제발전의 한계이기도 한 것이다.

여기서는 독재국가로서의 정치체제가 유지되는 한, 중국에 대해서 인본주의적 자본주의의 확대가 쉽지 않기 때문에 인본주의적 자본주의를 간단하게 언급하는 것으로 끝내고자 한다.

사회적 공동체가 영속성을 유지하면서 지속적인 경제발전을 이루기 위해서는 법치주의의 확립과 아울러 '좋은' 교육이 조화를 이룸으로써 서로 선순환의 상승작용을 하면서 좋은 문화로 발전하여 결과적으로 경제가 지속적으로 발전하는 것인데, 이것은 Adam Smith가 이야기한 경쟁시장과 법적으로 잘 규정된 사유재산권 보장이 사회를 안정화시키면서 시장의 "보이지 않는 손"이 기적을 일으킨다는 것과 일맥상통하는 것이다. 즉 시장이 잘 작동한다면 시장을 통하여 개인의 이익을 추구할 때 자신이 추구하는 이익보다 훨씬 높은 혜택을 사회에 기여하게 되는 결과를 가져온다는 것이다(The Moral Economy Published by Yale University Press 2016 by Samuel Bowles 15, 18 page 참고).

그러나 현실적으로 시장이 제대로 작동하기가 결코 쉬운 일이 아니기에 사회적으로 여러 가지 문제가 발생하기 마련이고 이것을 좀 더 나은 방향으로 진행하도록 하기 위하여 좋은 정부와 제도, 좋은 법, 좋은 교육이 필요한 것이며 결과적으로 지속적인 국가발전을 위한 문화로 형성되는 것이다. 자유민주주의 체제하에 살고 있는 대부분의 인간은 교육을 통하여 성장하며, 법의 지배를 받으면서 살아가는데 우리가 역사를 통해서 아는 것처럼 잘못된 교육이나 수준이 낮은 교육을 받으면 국가가 오히려 후퇴할 수 있는 것이다. 여기서 재미있는 예를 하나 언급하자면, 독일이 통일된 후에 금전과 관련된 사기 사건을 조사하였는데 동독 출신의 범인 숫자가 서독출신의 범인 숫자보다 두 배가 많았다는 것이다. 이처럼 좋은 제도와 법규, 좋은 교육 등이 더 낳은 인간을 육성하고, 더 나은 사회로 발전시키며 인간의 탐욕을 억제할 수는 있지만, 이것이 어느 정도 가능한가는 교육, 문화, 각 개인의 성향에 따라서 다양하게 나타나기 때문에 수치로 일정하게 제시하기는 용이하지 않다(Moral Economy Published with Yale University Press 2016 by Samuel Bowles 110, 220 page 참고).

중국 몰락의 근본 원인

이 글에서 지속적으로 기술한 것처럼 중국의 계속되는 과도한 대미무역흑자로 인하여 발생한 무역마찰로 시작된 미. 중전쟁의 원인은, 중국이 1800년대 후반과 1900년대 초반에 있었던 철 지난 제국주의의 탐욕적인 행태를 1900년대 후반과 2000년대인 지금까지 보여준 것처럼, 자본주의의 본질을 잘못 이해한 중국의 탐욕에서 비롯되어 중국의 시진핑 주석의 독재정권 강화 및 인권탄압과 주변국들에 대한 억압적인 무력시위 등으로 인하여 악화된 것이며, 지난 20년 동안 악순환을 거듭하는 도중에 COVID-19 전염병의 건강부회식 대응으로 이 악순환을 가속화시켜 결국은 세계경제공급망에서 중국을 퇴출시키자는 주장까지 이어진 것이다. 물론, 이러한 사태로까지 악화시킨 또 다른 사건들은 앞에서 살펴본 것처럼 신장의 위구르 소수민족에 대한 대규모 불법감금과 잔혹한 인권유린 사태, 영국과의 약속을 파기하면서 일으킨 홍콩의 강제적 정치체제 변경, 남중국해에서의 인공섬 건설과 군사기지화 등이 세계인들에게 중국의 독재정권의 본질에 대해 눈을 뜨게 한 사건들이다.

이것을 보다 구체적으로 바라보면, ① 국제법, 계약 등의 법치주의 무시 ② 중국 정부까지 가담한 지적 재산권의 지속적인 탈취와 신뢰 상실 ③ 거래감소와 취소로 인한 경기후퇴 ④ 소득불평등 확대 ⑤ 국가권력의 지배력 약화와 사회적 혼란 등의 악순환을 거듭하게 될 것이며 이에 더하여 인구의 빠른 노령화와 감소가 가족의 파괴로 이어지면서 중국의 몰락을 더욱 앞당기게 될 것이다.

미국의 지속적인 경제보복 확대

마침, 미국이 인권을 주제로 하여 중국기업에 대한 추가 제재를 진행하는 발표를 하였는데 이것은 곧 미국이 중국 독재정권을 멸망수준에 가깝게 압박하겠다는 것을 보여주고 있는 것이며, 한국의 기업들도 중국기업과의 거래를 위해서는 과거 어느 때보다도 신중한 접근을 하여야 할 것이다.

"中, 두뇌 조종 무기 개발" …中 기업 42곳 무더기 제재

미국이 중국 인민해방군 산하 연구소 등 중국 정부기관과 기업 42곳에 대한 대대적인 제재를 16일(현지 시간) 단행했다. 정보기술(IT) 바이오 등 첨단산업 분야 중국 기업들의 수출과 자금줄을 차단한 것은 물론 중국 군(軍) 조직을 직접 겨냥한 것이다. 조 바이든 미국 대통령은 이날 중국에 대한 인권제재의 근거가 되는 행정명령 효력을 연장하는 등 백악관과 재무부 상무부 등이 중국에 대한 압박수위를 전방위로 높이고 있다.

미국 상무부 산업안보국(BIS)은 이날 "중국이 바이오기술 등을 인권유린과 군사기술에 활용하면서 미국의 안보와 외교정책이 위협받고 있는데 따른 대응 조치"라며 34곳을 거래제한 리스트에 추가했다. 이 중엔 중국 군사의학연구원(AMMS)과 이 연구원 산하 바이오엔지니어링 연구소 등 11개 연구소가 포함됐다. 인민해방군 군사과학원 산하 조직인 AMMS는 장병들이 최장 72시간동안 잠들지 않게 하는 '나이트 이글' 등 중국군을 위한 의약품을 개발해왔다. 상무부는 "AMMS와 11개 연구소는 두뇌 조종(brain-control) 무기를 포함해 바이오 기술을 중국군을 지원하기 위해 활용했다"고 제재 이유를 설명했다. 2019년 중국의 '뇌과학 학술보고서'에 따르면 AMMS 소속 연구원은 '적의 의식에 개입해 전투 형태를 바꾸도록 하는 무기를 개발 중'이라고 발표한 것으로 알려졌다. 상무부는 또 CETC52연구소 등은 중국군 현대화와 이란의 미사일 부품 지원을 이유로 거래제한 리스트에 올렸다. 거래제한 기업으로 지정되면 미국으로의 수출이 모두 금지된다.

미국 재무부도 이날 중국 신장지역 인권유린에 연루된 혐의로 세계 최대 상업용 드론 제조업체인 DJI 등 중국 기업 8곳을 투자 블랙리스트에 올렸다. 재무부 블랙리스트에 오르면 미국 기업과 미국인의 투자가 금지된다. 백악관과 의회도 중국 압박에 나섰다. 16일 바이든 대통령은 20일로 만료될 예정이던 '인권유린 및 부패 연루자에 대한 자산차단' 행정명령에 따른 국가 비상사태를 1년간 연장했다. 미국 상원은 이날 신장에서 만들어진 제품의 수입을 금지하는 법을 만장일치로 가결했다.

호세 페르난데스 미국 국무부 경제성장 · 에너지 · 환경 담당 차관은 17일 서울 외교부 청사에서 열린 한미 고위급 경제협의회에서 글로벌 반도체 공급망 등을 언급하며 "한국이 세계경제에 기여할 게 훨씬 더 많다고 굳게 믿고 있다"고 밝혔다. 바이든 행정부가 반도체 등 글로벌 공급망에서 중국을 배제하며 새 판짜기에 나선 가운데 한국도 이에 동참하라는 메시지를 재차 강조한 것으로 보인다(동아일보 2021.12.17. 문병기, 신진우 기자 기사 참고).

기회를 놓친 중국의 대응

세계의 많은 국가와 기업들이 독재국가 중국의 실체를 알고 차츰 중국으로부터의 거래중단과 투자회수 등의 조치를 취하기 시작하자 중국이 사태의 심각성을 뒤늦게 인식하고 국제기준에 맞추기 위한 정책으로 전환하려고 하고 있지만, 내가 이미 언급한 것처럼, 세계인으로부터 신뢰를 상실한 중국이 이미 후행 열차를 탄 경제를 되돌리기에는 역부족일 것으로 예상된다.

여기서 중국이 최근에 시행하겠다고 발표한 자동차 제조 기업에 대한 외국인 지분의 100%를 인정하겠다는 중국의 정책 변화에 대한 기사를 참고로 기재하겠다.

"中 승용차제조사 외국인 100% 소유 가능해진다"

중국이 28년 만에 승용차 제조 기업의 외국인 지분 투자 제한을 철폐하기로 했다. 이에 따라 내년부터 중국 내에서 해외 기업이 지분 100%를 가진 승용차 제조업체 설립이 가능해진다. 다만 희토류 등 31개 분야는 앞으로도 외국인 투자가 계속 제한된다.

28일 신화통신에 따르면 중국 국가발전개혁위원회와 상무부는 전날 '2021년 외자 유치 네거티브 리스트(외국인 투자를 제한하거나 금지하는 업종)'를 발표했다. 중국 정부는 "5년 연속 네거티브 리스트를 줄여 외국인 투자 활성화를 도모했다"고 강조했다.

올해 발표된 네거티브 리스트를 지난해와 비교해보면 외국인 투자가 제한되거나 금지되는 업종은 2개 줄어들었다. 그중에 하나가 승용차 제조업이다. 이에 따라 2022년 1월 1일부터 중국 승용차 제조 부문에서 외국인 투자 지분에 대한 제한이 완전히 철폐된다. 중국 관영매체 글로벌타임스는 "이번 조치로 세계 최대 자동차 시장인 중국에 진출해 있는 외국계 자동차 제조업체들은 새로운 기회를 맞게 됐다"고 평가했다. 또 외국 자본이 중국 내 공장을 설립할 때 2개 이하로 공장 개수를 제한하던 규정도 폐지됐다.

자동차 산업에서 후발 주자였던 중국은 1994년 자동차 공업 산업 정책을 발표하면서 자동차 기업의 외국인 자본이 50%를 넘지 못하도록 했다. 외국계 자동차 회사가 중국 시장을 좌지우지하는 것을 막고 자국 자동차 기업을 육성하기 위한 조치였다.

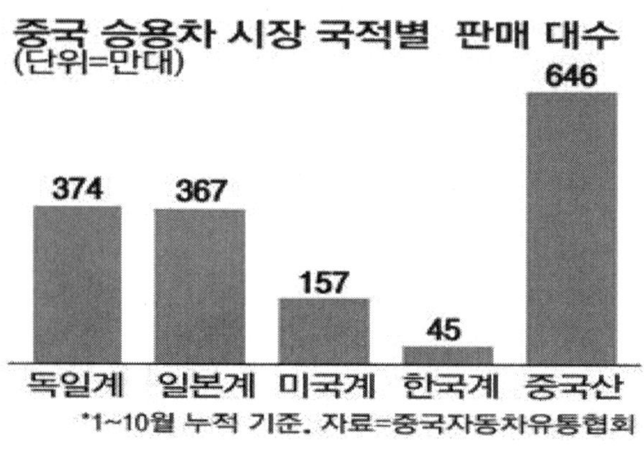

하지만 미국 등 서방 국가들은 급성장하는 중국 자동차 시장을 개방하라고 중국 정부에 줄기차게 요구했다. 이후 중국 자동차 회사들의 기술력과 상품력이 크게 개선되는 등 자체 경쟁력을 확보해 나가자 중국 정부는 시장 장벽을 점차 완화하기 시작했다.

전기차와 같은 친환경차 업종의 외국인 지분 한도를 2018년에 폐지했고 상용차 부문에서도 같은 조치가 2020년 단행됐다. 대표적인 예가 테슬라다. 테슬라는 중국 시장을 적극 공략하기 위해 지분 100%를 가진 중국법인을 세웠는데 이 같은 제도 변경 덕분에 가능했다. 지난 1월 현대차가 상용차법인 사천현대기차유한공사 지분을 100% 확보한 것도 이런 연장선이다.

이번에는 자동차 시장 중 규모가 가장 큰 승용차 부문에서도 2022년부터 외국인 지분 소유 상한선을 없애기로 하면서 중국이 자동차 시장을 완전히 개방하게 됐다. 이에 따라 중국 시장에 진출한 외국계 자동차 회사들이 중국 합작법인 지분을 늘릴 수 있는 길이 열리게 됐다. 독일 자동차 회사인 BMW는 현재 50%만 소유한 중국 합작법인의 지분을 앞으로 최대 75%까지 확대한다는 계획이다.

중국에 진출한 현대차와 기아도 중국 내 지분을 늘릴 가능성이 제기된다. 기아와 함께 중국 합작법인을 세웠던 둥펑자동차는 지난달 자신들이 소유한 둥펑위에다기아의 지분 25%를 매각하겠다는 계획을 내놨다. 중국 현지에서는 이를 기아가 인수할 것이라는 관측이 나오고 있다.

하지만 일각에서는 외국계 기업의 지분 확대에 대한 신중론도 제기된다. 닛케이아시아는 자동차 업계 관계자를 인용해 "도요타, 혼다, 닛산 등 일본 자동차 회사들이 중국에 50대50 합작회사를 두고 있는데 추가로 지분을 늘리면 일본 기업들의 경영 자율성은 커지지만 중국 파트너들과의 신뢰 관계가 훼손될 수 있다"고 지적했다.

한편 중국이 발표한 네거티브 리스트에는 여전히 희토류, 영화 제작 · 유통, 담배 생산 등 31개 분야가 남아 있다. 이 분야는 앞으로도 외국인 투자가 금지되거나 제한된다. 특히 희토류의 경우 앞으로 중국이 더 노골적으로 광물 무기화에 나설 것으로 예상된다.

최근 중국 정부가 중국 오광그룹과 중국알루미늄주식회사, 간저우희토류그룹의 자산 합병을 승인하면서 중국희토류그룹이라는 거대 기업이 탄생하게 됐다. 중국희토류그룹의 중(重)희토류 세계 시장 점유율은 70%에 달하는 등 세계 시장에서 독점적 지위가 더욱 확대됐다.

이런 상황에서 중국 정부는 희토류 관련 중국 기업에 대한 외국인 투자마저 철저하게 봉쇄하고 있는 것이다. 중국 환구시보는 "희토류에 대한 외국인 투자 금지는 희토류 자원 보호와 개발을 위한 조치"라며 "중국은 지속적으로 자체 역량을 키워 희토류 등 희귀 광물에 대한 기술혁신을 이끌어낼 것"이라고 전했다(매일경제 2021년 12월 28일 손일선 기자 참고).

즉, 최근에 중국계 빅테크 기업인 알리바바와 텐센트에서 보여 준 것처럼 독재국가인 중국에서의 기업의 지분은 의미가 없는 것이다. 그들은 필요하면 언제든지 기업을 압박하여 경영권과 자산 일체를 강제로 박탈할 수 있는 수준이기 때문이다.

제10장 미. 중 전쟁과 중국의 종말에 대한 대응은?

미. 중전쟁의 이면에는 향후의 세계 경제를 주도할 미. 중 사이의 전쟁이지만, 단순한 무역전쟁에서 벗어나 인권을 보호하려는 자유 진영의 국가와 자유와 평등의 인권을 말살하는 독재국가와의 정치체제 사이의 전쟁으로 확대되고 장기화하면서, 이제는 미. 중 전쟁이 이것을 지켜보고 있는 대다수 세계인에게 과연 이러한 상황에서 어떻게 대처하고 극복하여야 하는가의 문제로서 자신과 가족의 삶과 기업의 경영 등에 직접적인 영향을 미치는 심각한 문제가 되고 있다.

현재의 미. 중 전쟁은 과거의 1990년대의 아시아권의 금융위기나 2000년대 초반의 미국의 dot.com 버블, 2008년의 미국의 subprime mortgage로 인한 부동산폭락 사태 등의 경제위기 때와는 비교가 되지 않을 정도의 엄청나게 복잡한 변수들이 얽혀 있어 어느 한 개별국가나 기업, 개인 등이 실타래를 풀어나가기가 불가능한 상황이다. 이러한 상황에서는 자칫 잘못된 대응을 하게 되면 개인, 기업, 국가 등의 경제주체들이 헤어 나올 수 없는 깊은 수렁에 빠질 가능성이 있기 때문에 개인, 기업, 국가 등이 어떻게 이 위험을 최소화하면서 진행되는 상황에 맞춰 신축적으로 대응하여야 하는가가 중요한 문제로 대두되었다.

세계경제 대국인 미. 중 양국 간의 경제전쟁도 세계경제를 침체의 늪에 빠뜨려 헤어 나오기 힘든 상황인데, 장기화되고 있는 COVID-19 전염병과 함께 이제는 양 집단 사이의 정치체제 전쟁으로까지 확대되고 있으며, 이것이 자칫 군사적인 전쟁으로까지 이어지면 세계 경제는 1930년대의 세계 대공황보다 훨씬 거대한 침체의 수렁에 진입하게 될 것이다.

이 과정에서 미국이나 유럽, 일본 등의 자유국가 체제보다 훨씬 많은 약점을 가지고 있는 중국이 훨씬 엄청난 타격을 입게 될 것으로 예상되는데, 현재 중국은 한족을 포함한 50개 정도의 다양한 민족으로 형성된 14억 인구와 23개의 성과 5개의 자치구, 4개의 자치시로 구성되어 있다. 일당 독재국가인 중국은 중국의 역사상 가장 넓은 국토를 보유하고 있는데 중앙집권적 독재국가의 권력이 약화될 경우에는 다양한 시나리오 과정을 거쳐 붕괴될 것으로 예상된다.

미. 중 전쟁으로 인한 중국의 미래

중국의 분할

여기서 하나의 시나리오를 예시할 수 있는데, 현재 중국의 핵심지역이면서 북경과 상해, 홍콩을 포함하여 경제발전을 주도한 해안선지역과 그 인근의 내륙에 근거를 둔 몇 개의 성을 포함하면 15개 이내의 성과 5~7억명의 인구로 축소될 수 있으며, 현재 이 지역의 1인당 GDP를 평균하면 대략 US 15,000~20,000$인데 세계경제공급망에서 퇴출되고 부동산이 폭락하면 US 10,000$정도로 하락할 것으로 보이며, 중국 공산당 독재정권은 이 지역에서도 현재의 강력한 힘을 발휘하기가 어려울 것이다.

따라서 새롭고 다양한 정치세력이 등장할 가능성이 높을 것으로 보이는데 소련이 멸망하는 과정처럼 헌법의 개정을 통한 민주세력이 등장하거나 타이완과 자연스러운 합병을 통하여 다양한 민주적인 정당들이 탄생하여 자유민주주의 국가로 새로이 재탄생할 수 있을 것이다.

물론, 이 과정이 하루아침에 일어날 수는 없으며 짧게는 10년 길게는 20년 정도의 진통을 거치면서 진행될 것이다. 만일 이 과정에서 모택동의 문화혁명과 같이 많은 사망자가 발생하거나 중국 독재정권이 내부의 반발을 진화하기 위하여 타이완과의 제3차 국공내전을 일으킨다면 이 과정은 더욱 빨리 진행될 것이다.

중국이 축소되고 일당 독재정권이 멸망하는 과정에서 세계적으로 문제가 될 수 있는 것이 현재 중국이 보유하고 있는 핵무기인데 미국과 타이완을 중심으로 한 자유국가의 세력과 힘을 잃어가고 있는 중국공산당 세력이 연합하여 최대한 신속하게 핵무기를 해체하여야 할 것이다.

한편, 지금 미국의 주도하에 진행 중인 국제공급망에서의 중국 퇴출이 빨리 마무리되면 될수록 중국의 세계에 대한 부정적인 충격-부동산 버블 폭발과 이로 인한 금융위기, 국가부채로 인한 외환위기, 중국의 경제 정체 또는 후퇴 등이 완화되면서 세계 경제의 연착륙이 가능할 수도 있을 것이다.

10개 이상의 독립 국가 탄생

중국에는 현재 50개 내외의 소수민족이 있는데 대부분은 중국공산당의 무력에 의한 강제 합병 후 중국이라는 이름의 지배하에 있게 되었다. 따라서 중국 중앙정부의 정치권력이 약화되면 중국의 독재정권에 의하여 강제로 독립국가의 지위를 잃어버린 소수민족들이 각자도생하여 새로운 독립 국가의 길을 걷게 될 가능성이 높다. 이러한 독립 국가의 길을 열 가능성이 높은 지역으로는 인도와 국경지역을 이루고 있는 티베트 지역이다. 이 지역의 정신적, 종교적 지도자는 달라이라마인데 그는 중국정부로부터 반정부인사로 지목되어 있으며 수십년동안 독립운동을 지속적으로 지도한 불교 승려이다. 미국이 인권 문제를 언급하면서 지원하는 신장의 위구르 소수민족과 함께 티베트의 장족, 내몽고 지역의 몽고족, 동북삼성 지역의 조선족 등이 미. 중 전쟁의 과정에서 독립할 가능성이 높은 민족이며, 이 가운데 일부는 중국공산당이 강제 점령하기 전에는 독립 국가를 유지했던 지역이기도 하다.

중국공산당이 인권탄압으로 인하여 세계적인 집중 비난을 받으면서도 변방의 자치구를 강제로 억누르고 있는 이유도 이 자치구 중에 어느 한 지역의 독립이 허용되면 거센 흐름을 억누를 수 없어 연속적인 독립운동이 일어날 가능성이 높기 때문이기도 하다.

북한의 붕괴 가능성

UN에 의한 대북제재와 COVID-19 전염병 사태로 인하여 최악의 경제난을 맞고 있는 북한이 현재 버틸 수 있는 것은 중국과의 무역과 중국으로부터 경제적 지원을 받고 있기 때문인데, 중국이 경제난과 정치적으로 위험한 상황을 맞이하게 되면 북한을 도울 여력이 없기 때문에 북한으로서는 새로운 대안을 모색여야 할 것이다. 지금도 한계상황에 처해 있는 북한이 중국의 도움이 없는 상황에서 러시아나 한국으로부터 획기적인 도움을 받지 못하면 북한은 스스로 자멸의 길을 택할 가능성이 높다. 그런데, 최근의 우크라이나전쟁으로 인하여 미국과 유럽 등으로부터 경제제재를 받게 되고 우크라이나로부터 전쟁 피해로 인한 배상금 청구까지 지불해야 하는 상황이 되면 경제난에 허덕일 가능성이 높은 러시아 또한 북한을 지원할 가능성이 낮을 것으로 예상되고 있다.

역으로 미국 입장에서 보면, 인권 문제를 이슈로 한 중국에 대한 최대의 압박전략이 북한도 함께 압박함으로써 두 마리 토끼를 잡는 전략으로 보일 것이다.

각 경제주체들의 대응방안

정부

20c초반이후 대부분의 국가들이 적자예산을 편성하여 역사상 가장 큰 규모의 부채의 버블(Bubble)시대를 맞고 있는데 1983년부터 2008년까지 국가부채나 기업부채가 4배 증가하였으며, 미국의 경우에는 1983년부터 2008년까지 26년 동안 총부채가 GDP의 2.6배로 증가하였다. 특히 COVID-19전염병의 충격으로 인하여 세계 대부분의 국가 부채의 규모는 급속도로 증가하고 있다(What To Do When The Bubble pops Published by Gildan Media LLC aka G&D 2020 by Harry S. Dent, JR 82 page 참고).

그러나 각 정부는 부채의 증가보다 더욱 심각하게 생각하여야 할 것은 과연 이러한 재정적자가 국가의 미래를 위하여 생산적이며 효율적으로 재정정책을 활용하고 있는가의 문제이다.

또한, 국가는 이러한 재정정책과 함께 미. 중 전쟁과 COVID-19 전염병의 부정적 충격이 상대적으로 큰 기업체나 개인들을 위하여 세금면제나 감면, 규제 해제 등의 다양한 정책을 통하여 소득불평등의 확대가능성을 최소화할 뿐만 아니라 필요할 경우 새로운 성장성이 높은 바이오산업, AI나 Network, 3D를 기반으로 한 AM 산업 등의 제4차 산업으로의 전환을 위한 지원과 함께 상대적 저소득층이나 취약계층을 지원하여 삶의 질을 유지할 수 있도록 보다 적극적인 사회보장정책을 시행하여야 할 것이다. 후기산업사회에서 생산적 사회보장정책은 소득불평등해소와 함께 새로운 산업의 창출을 통한 국가의 지속적인 성장을 위하여 반드시 필요한 정책가운데 하나이다(상기의 저서 105 page 참고).

미. 중 전쟁과 COVID-19 전염병으로 인하여 그 어느 때보다도 급증하고 있는 각국의 부채는 각 국가가 과도한 정치적 판단에 몰입되어 자칫 포퓰리즘 이나 비효율적인 재정청책을 시행하게 되면, 후세대까지도 헤어 나오기 힘든 Hyperinflation 현상이 발생할 가능성이 높으며, 이와 더불어 현재 세계화폐로 인정받고 있는 국가들인 달러화의 미국이나 유로화의 유럽, 엔화의 일본을 제외한 국가들의 경우에는 외환위기의 늪에 빠지게 될 것이다.

한편 미. 중 전쟁으로 인하여 인도네시아, 베트남 등의 동남아시아와 인도가 중국의 대안으로 또 오르고 있지만 이 국가들 역시 아직까지는 사회간접자본이 취약하고 부정부패가 심각한 상황이기에 이 문제에 대해서는 자유세계의 국가들이 해당 국가들과 함께 이를 위한 해결책을 마련하면서 진행하여야 할 것이다. 물론 필요하다면 애플이나 삼성전자, GE, GM 등과 같은 다국적기업들도 동참하여 최근 화두로 떠오르고 있는 3D와 Platform, AI 등을 기반으로 한 Pan-Industry 확대의 진행 속도를 앞당길 수도 있을 것이다.

1930년대의 Great Depression 이후 가장 긴 Great, Great Depression 을 받고 있는 지금은 소득불평등의 악화를 최소화하면서 새로운 산업의 활성화을 통하여 정부를 포함한 각 경제 주체들이 불황의 경제 상황을 극복하기 위하여 최대한 노력하여야 하며, 이를 위한 정부의 역할이 매우 중요한 시기이다. 물론 법치주의 확립을 넘어선 애타심과 박애 정신을 기반으로 한 공동체의 유지와 발전을 위하여 다양한 사회단체, 기업, 개인 등의 노력도 매우 중요한 것도 당연하다.

기업

2대 악재가 지속되고 있는 지금의 상황에서 3대 경제 주체의 하나인 기업이 대응하여야 할 중요한 대응은 첫째, 시장지배력을 갖고 있지 않은 사업에 대한 매수자가 나오면 지체하지 말고 매각하는 것이며, 기업체가 직접 나서서 해당 사업의 매각을 진행하여야 한다. 즉 기업의 슬림화 작업을 통하여 풍부한 유동성을 확보하는 것이다. 둘째, 변동비용을 최대한 절감하고 고정비용도 가능하면 최소화하도록 하여야 한다. 셋째, 시장의 다변화를 지속적으로 시행하여야 한다. 넷째, 기업가라면 대부분 자신의 기업과 경쟁관계에 있는 기업의 강점과 약점을 잘 알고 있을 것이며, 강점을 극대화하면서 약점을 최소화하여야 한다. 이와 함께 사업을 지속할 의사가 있다면, 경쟁사를 낮은 가격에 인수할 수 있는 기회가 오면 시장지배력을 확대, 강화할 수 있는 좋은 기회이므로 인수하는 것은 더욱 좋은 일이다. 다섯째, 사업 확대를 위하여 필수적인 생산시설과 공장, 창고, 사무실 등을 시세의 40% 이하의 가격으로 인수할 수 있다면 인수하여야 한다. 불황의 시기는 전망이 있는 사업체를 낮은 가격에 인수할 수 있는 좋은 기회이다. 여섯째, 이 기회에 인구의 변화에 따른 사업의 변화를 고려한다면 헬스케어 사업, RV Cars 업종, 노령인구를 위한 간호사업(Nursing Homes), 비타민생산업종, 제약업(한국 제외), 기타 제4차 산업에 해당하는 사업 등이 상대적으로 전망이 있을 것으로 보인다. 일곱째, 은퇴를 고려하는데 자식이 사업을 승계할 의사가 없다면 지금 매각하여 현금과 유동성이 풍부한 자산으로 보유하는 것을 추천할 수 있을 것이다(What To Do When The Bubble pops Published by Gildan Media LLC aka G&D 2020 by Harry S. Dent, JR 120-126 page 참고).

개인

지금의 경제 상황은 과거 어느 때보다도 복잡하고 쉽게 풀어갈 수 있는 상황이 아니다. 따라서 이에 대응하기 위한 개인의 전략도 다양한 측면을 고려하여야 한다. 따라서 개인의 입장에서도 이 불황이 발생하게 된 이유와 이에 대응하는 정부의 정책들을 보면서 대응책을 세워나가야 하는 것이다. 첫째, 그동안 전 세계에서 일어난 부동산버블의 일정부분은 중국의 부동산투기자금이 작용하였기에 미. 중 전쟁과정에서 발생할 수 있는 중국의 경제침체는 세계의 부동산버블을 잠재우고 나아가서 버블의 폭발을 유발할 수 있을 것으로 예상된다. 또한 미. 중 전쟁과 COVID-19 전염병이 진행되고 있는 상황에서도 미국의 증권시장은 꾸준히 상승하였다. 이제 부동산과 주식의 버블이 폭발할 시기가 다가오고 있으며, 버블이 큰 만큼 반대급부로 버블의 폭발도 상상 이상으로 거대할 것이다(상기의 저서 108-120 page 참고).

과거에는 일반적으로 Inflation과 부동산가격의 상승이 동반하였지만, 이번에는 다른 형태의 경제 현상이 나타날 수 있을 것이다. 즉 중국의 영향으로 인하여 부동산가격은 하락하더라도 COVID-19 전염병과 미. 중 전쟁으로 인한 세계 경제공급망 재편성 과정에서 제조업과 농수산물 부분의 생산과 물류시스템의 작동이 원활하지 않아 소위 "생활물가"는 상승을 하는 이원화 현상이 나타날 것이며, 이러한 현상은 각 국가의 경제 수준과 환경에 따라서 다양하게 나타나게 될 것이다. 앞에서 언급한 것처럼 세계화폐를 확보하고 있는 미국, 일본, EU 등은 인플레이션 가능성을 스스로 통제할 수 있는 수준으로 조절할 수 있어 해당 국가의 국민은 충격을 적게 받겠지만, 그렇지 못한 대부분의 국가의 국민들은 인플레이션 충격을 강하게 받게 되고 심하면 Hyperinflation충격으로 엄청난 경제적 혼란에 빠질 가능성이 높다.

이에 대한 각 개인의 대응책을 언급하자면,

첫째, 불필요한 부동산을 매각하여 유동성이 높은 자산의 보유를 확대하면서 부동산의 보유를 최소화한다. 단, 현재 보유하고 있는 여유 부동산이 도시의 핵심지역 -뉴욕과 한국을 예로 들면, 맨해튼지역, 서울의 강남 3구, 명동 등-이라면 일부만 매각하는 방법을 추천하고자 한다. 또한 변동성과 위험성이 높은 주식은 회피하되 신용도가 높은 AAA 회사의 주식이나 제4차 산업과 깊은 관련이 있는 회사의 주식을 보유하되 재산의 10%를 넘지 않는 범위에서 분할 투자하여야 한다. 주식은 5년, 10년의 장기투자 상품이 아니다. 만일 은퇴하는 세대라면 가능한 한 신속하게 주거용부동산을 매각하여 작은 규모로 Downsizing하고 아래에서 언급하는 것과 같은 방법으로 분산하는 것도 좋은 방법일 것이다.

둘째, 세계화폐를 사용하는 국가의 국민이 아니라면, 예를 들면 한국인, 중국인이라면 Stagflation과 자국의 화폐의 위험성을 대비하기 위하여 자산의 20% 내외에서 세계화폐를 보유하고, Inflation에 대비하기 위하여 환금성이 높은 금과 은을 유사한 비율로 보유한다. 국채(중국, 러시아 등의 독재국가나 부정부패지수가 높은 후진국의 국채 제외)나 신용도가 높은 회사의 회사채 등은 20% 내외에서 수익률의 변화를 살펴보면서 분할 매입한다.

셋째, 현금성 자산은 항상 30% 이상 보유하고 있되 만일 주식시장이 60% 이상 폭락한다면-이런 상황의 발생 가능성은 상존한다. 우량주식을 위주로 하여 즉시 매입하여 일주일 이내에 매각한다. 주식시장에는 항상 기술적 반등이 있기 마련이다. 기업에 대하여 제안할 때 시세의 40% 이하의 가격으로 저가 매수가 가능하면 매수하도록 권유했지만 이것은 개인의 경우도 권유가 가능한 투자 방법이다. 그러나 현금 유동성의 유지가 중요하기 때문에 자신의 능력을 넘어선 매입은 삼가하여야 할 것이다(상기의 저서 126-127 page 참고).

이야기를 마치며

어떤 이들은 현재의 미. 중 전쟁을 동양과 서양의 커다란 문화적 충돌, 폐쇄적이고 배타적인 동양문화와 개방적인 서양문화의 대충돌로 이야기하기도 하지만, 미. 중 전쟁은 거대한 문화적 충돌이 아닌 정치적, 경제적 독재정권과 자유진영과의 정치적, 경제적 충돌이며 중국의 독재정권이 세계를 지배하겠다는 탐욕과 이것을 알게 된 미국이 자신들의 국가존립에 대한 위기의식으로 시작된 것으로 보는 것이 더 정확할 것이다.

즉 세계인의 도움으로 빈곤에서 탈출한 중국이 이제는 세계에서 가장 악랄하고 강력한 독재국가로 변신하였으며 Network System, AI, 지문인식시스템 등을 이용하여 중국인 뿐 만 아니라 세계인을 감시하는 21c의 The Biggest Brother를 완성하는 한편, 현재 미국이 장악하고 있는 세계의 금융시스템을 쟁취하여 중국 위안화를 세계통화의 위치까지 확보한 후에 세계를 독재정권의 통제 아래로 장악하려는 의도를 강하게 표출한 것이다.

중국의 끝없는 탐욕을 뒤늦게 깨달은 미국이 자국의 이익과 생존을 위하여 Trump 전 대통령 임기 중반부터 시작한 미. 중 전쟁을 Biden 대통령이 이어받아 더욱 정교하게 중국의 목줄을 잡아당기고 있는 형국이다. 즉 미국이 단순한 무역전쟁에서 인권을 중심으로 한 체제전쟁으로 확대시키면서 중국의 약점을 다양한 측면에서 노출시키어 중국을 세계경제 공급망으로 부터 퇴출시킴으로써 미국을 넘어서 세계 1위의 경제 대국이 되겠다는 중국의 야심과 함께 세계인을 독재국가의 통제하에서 중국의 독재체재를 더욱 공고히 하겠다는 의도를 갖지 못하도록 하겠다는 것이다.

중국이 2001년 WTO에 가입한 후에 지금까지 성장하면서 보여준 모습은 독재국가가 국력이 강력해지면 자국민 뿐 만 아니라 세계를 어떻게 혼란시킬 수 있는가를 보여주는 좋은 예를 나타낸 것이라고 할 수 있다.

물론 불완전한 인간의 공동체인 국가는 비록 삼권분립과 법치주의를 확립하고 국민의 자유를 보장한다고 하더라도 수많은 도전과 모순이 발생하며 불완전한 상태에서 진행됨에 따라서 끊임없는 공동체 사이의 마찰이 일어나면서 발전되기도 하고 후퇴하기도 하는 것이다.

그런데 제2차 세계대전 이후 세계경제는 험난한 굴곡을 겪으면서도 법치주의를 기초로 하여 신뢰와 휴머니즘, 도덕성, 애타주의 등으로 이론적 기반을 확장하면서 지금까지 발전하여 온 것이다. 예를 들어, 제2차 세계대전 이후에는 경제학이론의 발전과 함께 약자를 배려하는 다양한 복지정책과 적극적인 화폐정책과 재정정책이 잠차 발전하였던 것을 보면 쉽게 알 수 있을 것이다.

그러나 권위주의 독재국가인 중국은 이러한 세계경제 발전의 근간인 철학적 기초를 망각하고 20c초반의 제국주의적 사고에 몰입되어 모든 것을 정치적, 경제적 힘의 논리만 앞세우며 법치주의를 무시하고 거짓과 선동, 지적재산권의 탈취, 소수민족에 대한 인권유린 등의 최악의 길을 걷고 있었다. 또한 중국은 현대의 세계경제가 복잡하게 얽혀 있기 때문에(Complexity) 서로 공존하고 상생하는 정신으로 경제행위를 하여야 한다는 것을 망각하고, 국가가 주도하여 탐욕과 불법으로 가득찬 비열한 행동을 지속적으로 자행함으로써 이에 실망하고 분노한 세계 대부분의 국가가 중국에 대해 더 이상의 신뢰를 갖추 수 없게 만든 것이다.

앞으로 견제 세력이 거의 존재하지 않는 일당독재 국가인 중국은 스스로 자초한 경제적 후퇴와 소득불평등의 가속화로 인한 중산층의 몰락과 함께 사회적 신분 상승의 사다리가 사라지면서 급진적 불만 세력의 확대 등으로 인하여 후퇴의 길을 거듭하면서 차츰 세계지도에서 축소되면서 사라지게 될 것이며, 자유체제의 새로운 중국으로 재탄생되어 세계국가의 일원으로서 세계 경제의 새로운 도약과 지속적인 발전에 도움이 될 것으로 예상된다.

다만, 그 시기가 20년 이내일 가능성이 매우 높지만 언제일지는 우리가 지켜보아야 알 수 있을 것이다,

【참고문헌】

1) People, Power and Profits, 2019

2) The Great Divide, 2015

3) The Price of Inequality, 2012 Three of Them published by W.W. Norton & Company Inc. by Joseph E. Stiglitz

4) Capital, published by Belknap & Harvard 2014 by Thomas Piketty

5) Austerity published by Princeton 2019 by Alberto Alesina, Carlo Favero, Francesco Giavazzi

6) The Business of Platforms published gy Harper Collins 2019 by Michael A. Cusumano, Annabelle Gawer, David B. Yoffie

7) Not Working published by Princeton 2019 by David G Blanchflower

8) Pan-Industrial Revolution published by HMH(Houghton Mifflin Harcourt) 2019 by Richard D' Aveni

9) Measuring Poverty Around World published by Princeton 2019 by Anthony B. Atkinson

10) Nudge published by Penguin Group 2008 by Richard H. Thaler& Cass R. Sunstein

11) The Prosperity Paradox published by Harper Collins 2019 by Clayton M. Christensen & EfosaOjomo & Karen Dillon

12) Rebel Talent published by Harper Collins 2018 by Francesca Gino

13) 철학이 담긴 M&A 이야기 하이미디어출판사 발간 3015 by William H S Lee

14) The World of Three Zeros published by Public Affairs 2017 by Muhammad Yunus

15) Blue Ocean Strategy 2005 published by HBS press by W. Chan Kim & Renee Mauborgne
16) Blue Ocean Shift Beyond Competing ublished by HBG(Hachette Book Group) 2017 by W. Chan Kim & Renee Mauborgne
17) Good Economics for Hard Times published by Public Affairs 2019 by Abhijit V. Banerjee & Esther Duflo
18) Sapiens published by Penguin Random House 2014 by Yuval Noah Harari
19) Arguing With Zombies published by W. W. Norton & Company Inc. 2020 by Paul Krugman
20) The Great Deformation published by Public Affairs 2013 by David A. Stockman
21) Cracking Complexity published by Hachette Book Group 2019 by David Benjamin & David Komlos
22) Capital and Ideology published by Belknap & Harvard 2020 by Thomas Piketty
23) The New Environmental Economics publoshed by Polity Press 2020 by Eloi Laurent
24) The Tipping Point published by Back Bay Books 2013 by Malcolm Gladwell
25) quantum Economics published by Icon Books Ltd 2019 by David Orrel
26) Diversity Inc. published by Bold Type Books 2019 by Pamela Newkirk
27) The Economic Case for LGBT Equality published by Beacon Press Books 2020 by M. V. Lee Badgett
28) Inventing Equality by published with ST. Martin's Press 2020 by Michael A.Bellesiles

29) Belonging published by Bloomsbury Publishing Plc 2020 by Kathryn Jacob, Sue Unerman, Mark Edwards
30) The Age of Cryptocurrency published by Picador 2016 by Paul Vigna & Michael J. Casey
31) The Digital Matrix published by LifeTree Media Ltd. 2017 by VenkatVenkatraman,
32) Breaking Point published by Humanix Books 2017 by James Dale Davidson
33) The Road To Ruin published by Penguin Random House LLC 2016 by James Dickards
34) Trillion Dollar Economists published by Bloomberg Press 2014 by Robert E. Litan
35) Meltdown published by Pengin Canada 2018 by christopher Clearfield &AndrasTilcsik
36) Money Changes Everything published by Princeton University Press 2017 by William N. Goetzmann
37) Coined published by Grand central 2015 by Kabir Sehgal
38) The Age of Cryptocurrency published by Picador 2016 by Paul Vigna & Michael J. Casey
39) The Big Short published by Norton 2011 by Michael Lewis
40) These Truths published by Norton 2018 by Jill Lepore
41) Complexity Economics published by SFI Press 2020 by W. Brian Arthur & Eric D. Beinhockir & Allison Stanger
42) Postcapitalism published by Penguin Random House 2015 by Paul Mason
43) The Price Of Tomorrow published by Stanley Press 2020 by Jeff Booth

44) Mass Flourishing published by Princeton University Press 2017 2013 by Edmund Phelps
45) Saving Capitalism published by Alfred A. Knopf 2015 by Robert B. Reich
46) Predictably Irrational published by Harper Perennial 2008 by Dan Ariely 2008
47) The Systems Thinker published by Amazon.ca 2020 by Albert Rutherford
48) Reimagining Capitalism In World On Fire published by PublicAffairs 2020 by Rebecca Henderson
49) 평등의 역설, 온크씨앤피출판사 발간 2021 by William H S Lee
50) The Seventh Sense published by Little, Browm and Company 2016 by Joshua Cooper Ramo
51) Misbehaving published by W. W. Norton & Company Inc. 2015 by Richard H. Thaler
52) The New Great Depression published by Penguin Random House LLC 2021 by James Rickards
53) The Pandemic Information Gap published by The MIT Press 2020 by Joshua Gans
54) The Value of Everything published by PublicAffairs 2018 by-Mariana Mazzucato
55) The Moral Economy published by Yale University Press 2016 by Samuel Bowles
56) Sacred Economics published by North Atlantic Books 2021 by Charles Eisenstein
57) 국가발전을 위한 구조적 분석, 지식과 감성출판사 2021 by William H S Lee
58) ko.Wikipedia, namu.wiki.com 등의 인터넷 자료

59) Fall of Giants 2010, The Winter of The World 2013, The Edge of Eternity 2014 등의 3부작 역사소설 published by New American Library by ken Follett
60) World Without End published by New American Library 2007 by ken Follett
61) A People' s Guide To Capitalism published by Haymarket Books 2020 by Hadas Thier
61) Licence To Be Bad published by Penguin Random House UK 2020 by Jonathan Aldred
62) Love, Money, And Parenting published by Princeton University Press 2019 by Matthias Doepke & Fabrizio Zilibotti
63) Cracking Complexity published by Nicholas Brealey 2019 by David Benjamin & David Komlos
64) The Deficit Myth published by Machette Book Group Inc. 2021 by Stephanie Kelton
65) Superpower Showdown published by HarperCollins Publishers 2020 by Bob Davis and Lingling Wei
66) What To Do When The Bubble pops Published by Gildan Media LLC aka G&D 2020 by Harry S. Dent, JR
67) The End Of Illusions Published by Polity Press 2021 by Andreas Reckwitz

【공저자 소개】

william hs Lee

경동고등학교 졸업
성균관대학교 법정대학 행정학과졸업
성균관대학교 일반대학원 경제학과 수료
(전) 한국산업증권 기업금융부분 근무
(전) 사모펀드 설립 및 운용
(현재) 주식회사 서머스큐(직접금융 및 M&A컨설팅회사) 대표

차진길

서울과학기술대학교 NID대학원 정보통신공학 박사과정 수료
(전) 서울과학기술대학교 외래교수
(현재) 사단법인 서울녹색산업협회 부회장
(현재) 고경력과학기술인 현장자문 전문위원
(현재) TTA-ICT표준기술 자문전문가
(현재) 국가기술가격 출제 및 검토위원
(현재) 스마트마이스터 전문위원, 기술거래사
(현재) 에코아이시티 대표

권중호

(현재) 남서울대학교 글로벌무역학과 교수
(현재) 남서울대학교 G밸리산학협력센터장
(현재) 중국 의료관광 혁신전략 연구원장
(현재) 중국 의료관광 혁신전략 연구학회 회장